守り打ち勝つ、心の野球

上田修身

竹書房

はじめに――「守り勝つ野球」から、「守り打ち勝つ野球」へ

私が高知商野球部の3年生だったときに、本校はセンバツで悲願の初優勝を遂げた。私はキャプテンを務めており、エースはのちに阪神タイガースにドラフト1位で入団することになる中西清起だった。

現役時代から指導者になるまでのプロセスは、本書で詳しく述べさせていただくとして、私は日本体育大学を卒業後、故郷の高知に戻って市立中学校で体育教員と野球部の指導を始めた。

中学指導者を29年間務め、「定年まであと数年。残された教員生活で、中学生に指導をしっかりしていこう」と決意も新たにしていた矢先の2014年秋のことである。高知市教育委員会と高知商からお声がけをいただき、私は30数年ぶりに母校に指導者として戻ることになった。

母校に復帰して3年が経過した2018年夏。記念すべき第100回大会で私たちは

高知県を制し、12年ぶりの甲子園出場を果たした。このときは1回戦・山梨学院、2回戦・慶應義塾に勝利した後の3回戦で済美に1－3で敗れ、目標としていたベスト8入りは目前で叶えられずに終わった。だが、監督としても甲子園を経験できたことは、私の指導者人生においてかけがえのない財産となった。あのとき学んだことを生かして、いまも甲子園を目指して指導を続けている最中である。

直近の2023年夏の県大会は、残念ながら準決勝で高知に敗れた。決勝は高知と高知中央の組み合わせとなり、勝利した高知中央が甲子園に出場した。

8月下旬、私たちは夏の悔しさを胸に新人戦に臨んだ。準々決勝の土佐戦は延長14回までもつれる大接戦となったが、惜しくも6－7で敗退。公立の本校が準決勝進出を逃したことで、秋季大会のシード校（4校）はいずれも私立が選ばれることになった（明徳義塾、高知、高知中央、土佐）。

私は監督となって以降、本校が「県大会のベスト4」に入ることは最低ラインだと考えている。そういった観点から見ても、新人戦の結果はまったく満足できるものではなかった。

ノーシードで挑んだ秋季大会では、故障から何とか間に合ってくれた長身右腕の岡村宝が、投打の主軸として活躍してくれた。さらに、計算できるピッチャーが複数名いたこともあって、私たちは決勝で0－2と高知に敗れはしたものの準優勝となり、5年ぶりの四国大会進出を果たした（四国大会では、準々決勝の鳴門戦で8－12の乱打戦となりベスト8で敗退）。

いま、私たちは2024年夏の甲子園出場を狙い、日々の練習に励んでいる。私が目指しているのは、四国四商の一角として甲子園を沸かせた、かつての強い高知商の姿を取り戻すことである。そしてそのためには、野球の技術を磨くだけではなく、高校生として勉学にも勤しみ、「心技体」をバランスよく鍛錬していくことが何よりも重要だと考えている。

本書では、伝統の高知商野球を紐解いていくとともに、いま現在の進化した高知商野球もご紹介したい。私が本校を常勝軍団にするために、どのような考えで指導し、練習しているのか。また、本校の野球の礎である「守り勝つ野球」を大切にしつつ、私が監督となってからは甲子園で勝つための「打撃強化」にも取り組み、「守り打ち勝つ野球」を目指している。2018年に甲子園に出場したチームは、「強打の高知商」などと呼ばれたりもしたが、本書で具体的な打撃強化法にも触れていきたい。

平成以降、高校野球は「私学優位」になって久しい。公立校の監督として、そんな現在の高校野球界の状況を打破したい思いも本書に記させていただいた。

全国の球児や高校野球の指導に携わる方々のみならず、新旧の高校野球ファンの方々にも楽しんで読んでいただければ幸いである。

目次

第2章 私と野球

自然で育った野球少年が指導者となるまで

第3章

古豪復活ののろし

上田流指導論

第4章

高知商の練習

戦術、セオリー、バッティング理論

第5章 高知商を常勝軍団にするために

第1章

高知商野球部の歴史

主将としてセンバツで初の全国制覇

四国の高校野球と甲子園

高知商は春と夏の甲子園通算勝利において春23勝、夏38勝の計61勝を記録しており、全国での順位は17位となっている。そのひとつ上の順位には、通算勝利数62勝で明徳義塾、仙台育英、高松商の3校が14位で並んでいる（仙台育英には2023年夏の甲子園で抜かれてしまった）。

本校と14位の高松商（香川）、さらに松山商（愛媛）、徳島商（徳島）の4校は、ともに校歴のみならず野球部の歴史も古く、昔から「四国四商」の名で親しまれている。また、四国四商すべてに甲子園優勝経験がある（松山商7回、高松商4回、高知商1回、徳島商1回〈※戦時中に徳島商は公式記録としては残っていない幻の優勝もあり〉）。

ちなみに四国四商のうちのほかの2校の順位は、松山商が80勝で5位、徳島商が42勝で26位である。2023年夏の49地方大会の参加チーム数は3486（学校数では3744校）だったそうだが、甲子園の長い歴史と3000を超えるチーム数（過去最多は

2002年と2003年の4163チーム）の中で四国四商が上位に君臨しているのは、いかにこの4校が古くから活躍しているかを物語っているといえよう。

四国四商の中で、野球部の創部がもっとも古い順に挙げると、

松山商　1902年（明治35年）
高松商　1909年（明治42年）
徳島商　1910年（明治43年）
高知商　1918年（大正7年）

となり、本校が一番後である。

戦後からしばらくの間、四国の高校が甲子園に行くには、北四国大会（香川、愛媛）と南四国大会（徳島、高知）をそれぞれ勝ち抜かなければならなかった。その後、北四国は1976年から、南四国は1978年から一県一校代表制になった。

その記念すべき1978年の夏、高知県代表として甲子園に出場して準優勝を果たしたのが、ほかでもない高知商である。このとき、私は高校1年生。決勝のPL学園戦に関しては後で詳しくお話しするが、私はアルプススタンドから先輩たちを応援していた。

また、この1978年夏の甲子園（第60回大会）には、四国四商が揃って甲子園に出

場した。一県一校代表制となってすぐに四国四商が代表となった点を見ても、いかに当時の四商の力が秀でていたかがわかる。しかし、残念ながら四商が甲子園揃い踏みとなったのは、後にも先にもこの1回限りである。

2018年には本校の野球部創部100周年を記念して、松山商と徳島商をお招きして記念試合を開催した（当然、高松商もお招きする予定だったが、秋季四国大会を制した高松商の明治神宮大会出場と日程が重なってしまい実現しなかった）。この秋季四国大会において、私たちは高松商と準決勝で当たり、4－10で敗れていたことも一応付け加えておく。

高知の高校野球の変遷

本校の歴史は後で述べるとして、高知商の野球部は先述したように1918年に創部された。戦前、四国の学校が全国大会に出場するには四国大会で優勝する必要があり、高知県の代表校はその四国大会でなかなか勝てず、甲子園に行くことができなかった。

高知代表が甲子園初出場を果たしたのは、戦後の1946年の城東中（現・高知追手前）である。その後、1948年からは前項で述べたように南四国大会が始まり、高知と徳島の優勝校が全国大会出場をかけて戦うようになった。その記念すべき第1回南四国大会を制して甲子園出場を決めたのは、我らが高知商だ。甲子園初出場を果たした本校は快進撃を続け、高知県勢初のベスト8進出という好成績を収めた。

当時の高知県の高校野球は、高知商、高知、土佐が〝三強〟と呼ばれていた。1970年代に入ると中村が台頭を始め、1977年にエース・山沖之彦投手（元阪急ブレーブスほか）の活躍でセンバツ準優勝を果たす。

1980年代になると、本校の礎を築いた名将・松田昇監督が明徳義塾の野球部長に就任。そこから明徳が常勝軍団へと成長していき、高知商、高知、明徳が〝三強〟と呼ばれるようになっていく。本校野球部の歴史を語る上で絶対に外せない松田監督に関しては、次項で詳しくご紹介したい。

2000年代以降は私学優勢となり、明徳、高知の二強時代が長く続いている。2023年現在、高知県高野連に加盟している学校は32校あり、そのうち私立は5校（高知、高知中央、土佐、土佐塾、明徳）のみである。だが、その5校の私学の壁を公立校が打ち崩すのは、年々難しくなっている。

先述した二強（明徳、高知）に加え、近年は２０２３年夏の甲子園にも出場した高知中央も力を伸ばしてきている。高知中央は２０２１年から太田弘昭監督が指揮を執っているが、就任からわずか2年で結果を出したのは見事である（太田監督はその前は京都翔英で監督を務めており、２０１３年のセンバツにも出場している）。

さらにうちと同様、古くから高知の高校野球界を牽引してきた土佐も、今後は侮れない存在となりそうだ。２０２３年4月から、元東大野球部監督の浜田一志氏が土佐中・土佐高の校長に就任した。浜田氏が母校に戻ってきたことで、土佐は野球部により一層力を入れていくように思う。

二強の一角である高知の監督は、高知中で２００４～２０１８年まで監督を務め、同中を4度の全国制覇に導いた浜口佳久氏である。私も長く高知市内の公立中学野球部の監督を務めていたため、浜口監督とは何度も対戦させていただき苦汁もなめてきた。浜口監督が要所要所で見せる大胆な采配、選手起用はいまもなお健在である。

高知の歴代甲子園出場校の中で、夏の甲子園出場回数は本校が23回、次いで明徳が22回となっている。近年の状況を客観的に分析すれば、うちが明徳に抜かれるのは時間の問題なのかもしれない。しかし、私は明徳の進撃をただ指をくわえて見ているつもりは毛頭ない。明徳を筆頭とする県内の強豪私学といかに戦い、勝つか。それがいまの高知商のテーマである。

高知商と野球部の歴史

——礎を築いた伝説の松田昇監督

高知商は1898年に高知市帯屋町にて創立され、野球部はその20年後の1918年に創部された。

先述したように、高知県勢として甲子園の土を初めて踏んだのは、1946年の城東中だ。このときの城東中のエースだった前田祐吉氏は、その後慶應義塾大学に進んで野球を続け、大学卒業後は慶應大野球部の監督を2度務めた。慶應野球部の代名詞となった「エンジョイ・ベースボール」を提唱し、世に広めたのも前田氏である。城東中時代の前田氏は、県下随一のすばらしいピッチャーだっただけに「前田を打たなければ、甲子園はない！」と、本校もその頃から野球に力を入れ始めたと聞いている。

そして、高知商はその2年後の1948年、春のセンバツで甲子園初出場を果たすのだが、そのときの指揮官こそいまでも伝説として語り継がれている松田昇監督である（松田監督は就任1年目の秋季大会を制して、甲子園初出場を決められた）。

松田監督は1947年に就任後、1964年まで17年間監督を務め、春夏計10回の甲子園出場を果たしている（途中、部長をされていた時期もあり、それを含めると春夏計12回）。

高知商を常勝軍団に育て上げた松田監督のことを、古いOBの方々は親しみを込めて「松田のオヤジ」と呼ぶ。私の高校時代の恩師である谷脇一夫監督も、松田監督の教え子だ。私も現役当時、谷脇監督から松田監督の話をいろいろと伺った。

戦後すぐの野球黎明期にあって、松田監督はすでにデータ重視の野球をしていたという。その証拠に、松田監督は指揮官として春夏計10回の甲子園で、一度も1回戦負けを経験したことがない。これこそ、相手を徹底的に研究する松田野球の真骨頂である。谷脇監督は松田監督から「俺の言う通りにしたら、甲子園に行かせてやる」とよく言われていたそうだ。それほどまでに、松田監督は高校野球の戦い方を熟知していた。

高知の高校野球界のパイオニアである松田監督は高知商の監督を退任後、のちにライバルへと成長していく明徳義塾に移り、１９８２年のセンバツで同校を初めての甲子園へと導いた。

松田監督に育てられた谷脇監督もその流れを引き継ぎ、データの収集、研究には余念がなかった。私が現役だった１９８０年頃、県内のチームでそこまで細かい作業をしていたのはうちだけだった。

私たちが１９８０年のセンバツで優勝した際も、各試合前に谷脇監督は相手チームの攻略ポイントを私たちに説明してくれた。データを集めてくれていたのは、ＯＢや控え選手によって構成されたスコアラーチームである。

谷脇監督は集まったデータを吟味し、相手チームの投打、守備の傾向、さらに「この投手に対してはこの球種、コースを狙う」というのはもちろん、「この投手のときはバッターボックスのこの位置に立つ」などという細かい点に関しても、私たちに指示を出した。「勝つ」ということに貪欲だった谷脇監督の教えは、いまも私の中にしっかりと刻み込まれている。

1978年、夏の甲子園で初の決勝進出❶

PLと甲子園の決勝で当たる前に、招待試合で対戦していた

私が高知商に入学した1978年、野球部の専用グラウンドが校舎に隣接する場所に完成した。いまでこそ、「ちょっと狭いかな」と感じるグラウンドだが、ブルペンや室内練習場を併設する専用グラウンドを持つ公立校は当時県内にはなかった。入学してそのグラウンドを目にしたとき、私は「さすがは歴史のある高知商や」とそのすばらしさに感動したものだ。

入学してすぐの春の大会で、本校は四国大会に進出して優勝した。このときのチームは、2年生だった森浩二さん（元阪急ブレーブス）がエースとして大車輪の活躍を見せていた。1年生の私は試合をスタンドから応援していたが、四国大会を制した先輩たちを見て「やっぱり高知商は強いんやな」と再認識した。

6月、本校の80周年とグラウンドの完成を祝い、招待試合が行われた。このとき招待したチームこそ、夏の甲子園決勝で対戦することになるPL学園だった。そのときはま

さかＰＬと夏の甲子園、しかも決勝で当たるとは思ってもいなかった。

この頃のＰＬは甲子園常連校として全国に名を馳せていたが、まだ甲子園での優勝経験はなく、その2年前の１９７６年夏の甲子園でも決勝まで進み、桜美林に延長戦の末敗れて準優勝となっていた。

私は試合に出ていないこともあって、このときの招待試合の内容や結果は覚えていない。だが、いまでも強く記憶に残っていることがひとつだけあり、それは試合開始前にグラウンドでアップするＰＬの選手たちの姿だ。

ＰＬの選手たちは淡々と、そして静かに、ランニングやアップをこなしていた。「ＰＬはあまり声を出さないチームなんだな」と私が思った矢先、ずっと静かだった選手たちが火山噴火のごとく、爆発的かつ瞬間的に声を出した。ＰＬの選手は20人ほどだったが、1年生だった私はその迫力に圧倒された。

当時のＰＬはサウスポーのエース・西田真二さん（元広島東洋カープ）と木戸克彦さん（元阪神タイガース）のバッテリーを中心としたチームだったが、私は「やはり全国レベルの学校は醸し出す雰囲気がまったく違う」と感じ入った。

またこの頃、時期を前後して箕島も本校に練習試合に来てくれたことを覚えている。

尾藤公監督率いる箕島は、その翌年（1979年）に甲子園春夏連覇を成し遂げることになる。いま振り返れば、あの頃の高知商は関西、四国周辺の錚々たる学校と練習試合をしていた。だから、私たちはどんな強豪校と対戦しても気後れすることはなかったし、「俺たちだって甲子園でいい成績を残すことはできる」という自信を持っていた。

1978年、夏の甲子園で初の決勝進出❷
アルプスから応援するも、PLに最終回2点差を逆転されて準優勝

夏を迎え、高知商は県大会を制して5年ぶりの甲子園（第60回全国高等学校野球選手権大会）出場を決めた。このとき、私たち1年生の中で唯一のベンチ入りを果たしていたのが、中西清起（元阪神タイガース）である。

甲子園での試合に備え、本隊（ベンチ入りメンバー）は開幕前から西宮の宿舎を拠点として活動するが、私は練習要員として本隊に同行していた。結果として私たちは決勝戦まで進むことになるが、勝ち上がるにつれて高知商の人気がどんどん高まっていったことをよく覚えている。

試合の日、本隊は宿舎から甲子園までバス移動で、私たち練習要員はその後を追って電車で移動した。1回戦、2回戦、3回戦と勝ち上がっていくにつれて、高知商の注目度は急上昇していく。私たち練習要員がユニフォームを着て電車移動しているだけなのに、「あ、高知商だ」と人だかりができるほどの人気だった。そんなフィーバーぶりを見かねた日本高野連から「練習要員のメンバーであっても、電車で移動しないでくれ」と言われて、4回戦（準々決勝）からは私たちも本隊とは別の車での移動となった。

そして迎えたPLとの決勝戦。試合前の練習を手伝っていた私たちは渋滞などもあって、甲子園への到着が遅れてチームの応援の場所には入れず、アルプススタンドの最上段のあたりからOBの方々と一緒に試合を観戦していた。

試合は9回表の高知商の攻撃が終わって2－0と、うちがリードしていた。エースの森さんの調子もよく、強打のPLを8回まで3安打に抑え、悲願の初優勝は目前だった。9回裏になり、OBの方から「ユニフォームを着ているお前らは、下で一緒に校歌を歌ってこい！」と言われ、私たちお手伝い組はアルプススタンドの下段にいる応援団に合流すべく移動を始めた。

人をかき分け、かき分けスタンドを降りていったため、私はこの9回裏の攻防をまともに見ていなかった。すると、高知商は1アウト二三塁のピンチからPLの怒涛の攻めにあい、私たちが応援団席に到着したときには3点を入れられてサヨナラ負けしていた。土壇場でのまさかの大逆転負け。高知商の勝ちを信じて疑わなかった私は、負けた悔しさよりも「野球は最後の最後まで何が起こるかわからん」と思わされた。私たち応援団は、校歌を歌うPLの選手たちの姿を、ただただ呆然と見つめるばかりだった。

それにしても、このとき初めて経験した甲子園が、私のその後の人生を決めたといっても過言ではない。甲子園が開幕する前の甲子園練習で、私は初めて甲子園のグラウンドに立った。それまで、大きな球場といえば高知球場くらいしか見たことがなかった私にとって、甲子園の大きさ、美しさ、すばらしさはまさに衝撃だった。そして「俺も絶対にここで試合をする」と心に誓った。

私の記憶にはないのだが、父によるとこのとき私は西宮の宿舎から家に電話をかけたらしい。そして「絶対にオヤジをここに連れてくるから」と言ったそうだ。ちなみに、私はその約束をすぐに果たした。翌年のセンバツ（私は2年生）で私はセンターのレギュラーとして、甲子園の土を踏むことになったのだ。

このとき、1回戦の八代工戦の初打席では足がブルブルと震え、まともにバットを振れなかった。また、その試合でセンターの守備についた際、ライトの中西に声をかけたのだが、私の声はスタンドの喧騒にかき消されてしまい、彼にまったく届かなかった。そのとき、広い甲子園の外野にポツンとひとり取り残されたような気がして、なぜだかとても寂しく感じたのも忘れられない記憶である。

なお、この試合は延長11回に私たちが4x－3のサヨナラで勝利し、2回戦は浪商に2－3で敗れて涙を呑んだ。

1980年、センバツで初の全国制覇❶
当時のチームとエース・中西清起

私が入学したときの同期の部員数は40人くらいいたが、3年の引退時には約20人と半分くらいに減っていた。当時は1学年約20人、3学年合わせて60人ほどだった。人数的な部分で言えば、現在も1学年の平均は20人くらいだが辞める選手はほぼおらず、入部してきた選手たちは2年半の高校野球生活を全うして引退していく。

高知商として、3季連続での甲子園出場を目指した2年生の夏、3年生の先輩たちは私たちの代より力ははるかに上だったのだが、県大会の準々決勝で安芸に0－1の完封負けを喫し、甲子園に出場することはできなかった。

新チームとなった夏休み、私は谷脇監督からキャプテンに任命された。高知県では、秋季大会の前の8月下旬頃に新人戦が行われる。初戦の相手は、夏に先輩たちが敗れた安芸だった。実は夏の安芸戦で完投したものの、失点1で負け投手となったのは中西だった。新人戦の初戦が安芸に決まり、中西は「夏のお返しだ」とかなり燃えていた。

そして中西と私たちは、初戦の安芸戦で4－0の完封勝ちを収めると波に乗った。続く準決勝では高知を相手に3－0、決勝の明徳戦でも8－0と、3戦すべて中西がひとりで投げ切り、私たちは優勝することができた。中西は夏の鬱憤を晴らすかのような、まさに気迫のこもったピッチングを披露した。

私は、守備はファーストで打順は3番を担っていた。中西は夏休みの練習試合から絶好調で、ほとんどの試合を完封で勝利していた。守っている私たちも「中西に任せておけば大丈夫」という安心感があった。

当時の中西は決して剛腕投手というわけではなく、ストレートも140キロは出ていなかったと思う。ただ、ストレートのキレはよかった。さらに彼がすごかったのは、制球力とカーブである。この後のセンバツで私たちは優勝を果たすことになるのだが、中西は100球以内の完投勝ちが2試合ほどあった。

ピッチャーになるべくして生まれてきた男と言ったらいいのか、中西は投球のリズムのよさを天性として持っていた。中学時代はエースだった私も、高校に入って中西のピッチングを見て、ピッチャーになることはあきらめた。圧倒的な剛速球を持っているわけではないのだが、中西は高校生離れした投球テクニックを身につけていた。投球のリズムがいいので、守備もよくなって失点は少なく、そのいい流れが打撃にも生かされる。私たちは試合をしていて、負ける気がまったくしなかった。

中西のピッチングは、打たせて取るというよりカーブで三振を奪うことが多かった。相手チームの打者も「中西のカーブはすごい。あれは打てん」とよく言っていた。私はファーストだったので彼のピッチングを横から見て、カーブのキレがいつも通りなら「今日も大丈夫やな」と安心して守っていた。

普段の練習では実戦を意識したものが多かったため、シートバッティングに中西が登板することも多かった。そこで私たち野手陣は、中西を苦にすることなく、ヒット性の当たりを結構打っていた。

なぜ、私たちが全国レベルの好投手だった中西を苦にしなかったのか？　谷脇監督いわく「お前らが中西から打たないと逆におかしい。お前らはいつも守備をしながら中西のピッチングを見ているので、ピッチングのリズム、タイミングがわかっている。だから、打てないほうがおかしいんだ」と。私はその言葉を聞いて「なるほどな」と思った。

私たちは、普段から全国トップレベルのカーブとストレートを打ち、知らず知らずのうちに打撃力を向上させていたのだろう。その結果が、翌春のセンバツで花開くことになるのである。

1980年、センバツで初の全国制覇❷
秋季県大会、四国大会を制してセンバツ出場

私たちは、秋季大会の初戦（2回戦）で追手前（現・高知追手前）を6回コールドで下し、準々決勝に駒を進めた。

準々決勝の相手である伊野商のエースは、アンダースローだった。私たちはこのピッ

チャーを打ちあぐねた。結果的には2－1で競り勝つことができたが、振り返れば秋季県大会、四国大会を通じて一番苦戦した試合だったかもしれない。この一戦を落としていれば、私たちのセンバツ出場も、高知商の甲子園初優勝も成し得なかった。

続く準決勝の相手は明徳だった。明徳のエース・河野博文（元日本ハムファイターズほか）は、全国トップレベルのサウスポーとして知られていた。谷脇監督は試合前、「今年の明徳に勝てるなら、お前らは全国に行っても勝てる」と言った。果たして、翌年のセンバツに出場した私たちは、その通りの結果を残すことになるのである。

夏の大会で先輩たちが安芸の左投手に屈したことで、それ以来私たちは左腕対策に重点を置いてバッティング練習を行っていた（とくにカーブ打ち）。その努力が実り、私たちは明徳に6－3で打ち勝つことができた。

実はこの明徳戦、日没コールドにより試合は8回で終わった。8回表の明徳の攻撃時、2アウトから相手バッターがピッチャー強襲のゴロを打った。中西はこの打球を股間でもろに受けたものの、痛みをこらえてファーストの私に送球してアウトにした。中西はその後、ベンチに戻ってからも相当痛そうにしていたのを覚えている。あのまま日没コールドにならず、9回の攻防が行われていたら試合はどうなっていたかわからない。

決勝の中村戦は、18－0で大勝を収めた。初戦の追手前戦こそリリーフが入ったが、準々決勝以降は中西がすべてひとりで投げ切っての優勝だった。

当時の秋季四国大会は、各県から2校ずつ計8校の参加で行われていた（2002年から各県3校ずつ、計12校の参加となった）。高知県優勝校として臨んだ四国大会では、1回戦の鳴門工戦が7－2、続く準決勝の松山商戦は11－1と打線が爆発。私たちも「谷脇監督の言った通り、明徳に勝ったのだから全国に行ける」と自信を持っていた。

決勝の丸亀商（現・丸亀城西）戦では、中西が珍しく打ち込まれて被安打8で4失点したものの、私たちが打ち勝ち6－4で勝利して、センバツ出場の切符をほぼ手中にした。

中西はめったにホームランなど打たれないのだが、この決勝戦では8回に3ランホームランを放たれた。ただのホームランではなく、3ランというのが彼の怒りに拍車をかけたのだろう。以降の彼は頭に血が上り、そのピッチングは明らかに冷静さを欠いていた。だから、私は「そんなに熱くならんでもあと2点あるから。大丈夫だから」と何度かマウンドに行き、彼に声をかけたのを覚えている。

秋季大会で明徳に勝って自信を深めていた私たちは、四国大会で優勝を決めた後もとても冷静だった。決勝で勝利した翌日の新聞には「高知商ナインは優勝を決めても派手に喜ぶでもなく、さも当然のごとく整列した」と記されていた。

当時の私たちは、優勝して当たり前などとは微塵も思っていなかったが、明徳を破ったことで「甲子園出場」が私たちにとって最低限のクリアすべき課題となっていた。だから決勝で勝ったときは、うれしさよりも安堵のほうが先に来た。それがまわりの人たちからは、落ち着いているように見えたのかもしれない。

先述したように、この頃の私は4番・中西の前で3番を打っていた。通常3番、4番といえば打って打って打ちまくるイメージがあるが、高知商の3番はチーム内で犠打が一番多かった。中西は「頼れる4番」だったので、1アウト一塁で私に打順が回ってきたら、必ずバントのサインが出た。だから、チームメイトからは「つなぎの3番」とよく冷やかされたものだ。

近年の高校野球では減りつつあるが、当時は多くのチームに「エースで4番」が存在した。翌年（1980年）の夏の甲子園で優勝した横浜の愛甲猛もエースで4番、明徳の河野もそうだった。全国各地の強豪校には、そのエリアの中学で「エースで4番」だった選手たちが集まってくる。私たちの代の高知商のレギュラー選手を見ても、キャッチャーとショート以外は中学時代に「エースで4番」だった。要するに、当時の強豪校で「エースで4番」を張っている選手は「エースの中のエース」「4番の中の4番」というわけである。

私たちは四国大会を制し、センバツ出場をほぼ手中にしたのだが、当時のセンバツの枠でいうと四国は3校が割り当てられていた。つまり、四国大会で決勝まで残ったら、ほぼ確実に出場できた。2023年の時点で、センバツ枠は「中国・四国地区から5校」となっていたが、2024年のセンバツからはこれが1校減り、「中国・四国地区からそれぞれ2校＝計4校」となった。いまと比べると、当時の四国は恵まれていたのだ。

1980年、センバツで初の全国制覇❸
高知商優勝までの軌跡

足がガクガクと震えた甲子園初打席から1年。私はチームの主将となって、再び甲子園に戻ってきた。2度目の甲子園は緊張もなく、「甲子園に戻ってくることができた」という喜びに包まれていた。

優勝までの軌跡を辿ってみよう。

1回戦　新宮　9－1
2回戦　富士宮北　7－0
準々決勝　尼崎北　4－3
準決勝　広陵　5－1
決勝　帝京　1－0（延長10回）

1回戦、2回戦ともに中西の好投と猛打で快勝した。とはいえ、1回戦の序盤はみんな緊張から硬くなっていて、普段通りのバッティングができなかった。新宮戦では3イニング目までは無得点だったが、2巡目を迎えた4回に一挙5得点を挙げた。

秋季大会で明徳に勝利して以降、年が明けても高知商の打線は好調をキープしていた。新チームが立ち上がったばかりの頃は、1試合に2得点すれば上出来の打線だったのが目覚ましい進歩である。谷脇監督はのちに「中西がどんどんよくなっていくので、俺は攻撃のことだけを考えればよかった。だからバッティングの練習を増やして、打撃面を充実させることができた」とおっしゃっていた。

谷脇監督自身、このときのセンバツが甲子園出場は3回目だった。大量点を挙げて勝つ試合が多かったが、「ランナーが出ればバント」の基本はまったく変わらなかった。

相手にしてみれば、「これだけ点差があるのにまたバントか」と嫌気が差していたかもしれない。谷脇監督の師である松田監督から受け継いだ「慎重かつ勝利に貪欲な采配」は、どんな試合であろうとも変わることはなかった。

準々決勝で当たった尼崎北は、うちと同じく2年連続の出場である。この試合で中西は3失点するものの、4番としてホームランや逆転の2点タイムリー二塁打を放つなど、まさに独壇場の活躍だった。試合後、私たちは中西に「次はお前ひとりでやればええやん」と冗談めかして言ったりしたほどだ。

中西が3失点するのは大変珍しく、逆に言えばそれだけ尼崎北の打線が強力だったということである。長打は求めず単打を狙う鋭い振りで、大会屈指の好投手である中西を何とか攻略しようとしていた。10本以上ヒットを打たれたと記憶しているが、私たちはダブルプレーなどで何とかしのぎ、守り勝った試合だった。

準決勝の相手である広陵には、アンダースローの渡辺一博と4番・キャッチャーの原伸次（広島東洋カープほか）の注目バッテリーがいて、優勝候補にも挙げられていた。広陵の現在の監督である中井哲之氏は私と同学年で、このときは1番・ショートで出場していた。

広陵戦の前に、私たちは谷脇監督からいつものようにいろんなデータや対策を授かっていた。ただ、それまでの広陵の甲子園での戦いぶりを見て、それほど脅威は感じていなかった。

リラックスした状態で試合に臨めたのがよかったのだろう。この試合では、序盤（2回表）に私たちは4得点して優位に立った。だが、この4点は相手のミスに乗じていただいたようなもので、渡辺投手を攻略して挙げたものではない。

ちなみにこのうちの1点は、満塁の状況で私に打順が回ってきて、初球スクイズを成功させたものである。中西が3失点以上することはあまり考えられなかったので、私たちは4点を挙げて勝ちを確信し、その後も優位に試合を進めて5－1で勝利した。

1980年、センバツで初の全国制覇 ❹
帝京との大接戦を制し、宿願の甲子園初優勝

決勝の相手は、2年生エース・伊東昭光（元ヤクルトスワローズ）を擁する帝京に決まった。優勝すれば、高知商にとって初めての甲子園制覇となる。谷脇監督は2年前の

夏の決勝での雪辱を果たすために、相当の覚悟を持って試合に臨んだに違いない。同じ立場となったいま、あのときの谷脇監督の気持ちが痛いほどわかる。

伊東投手は今大会で完封勝ちを続けていたが、それほどの速球を投げるわけでもなく、私たちは「なんで、ほかのチームは打てないんだろう?」と不思議に思っていた。だが実際に対戦してみて、その理由がわかった。伊東投手のインコースへのストレートは、すべてシュート気味に入ってくる。だから、私たち右打者が「捉えた!」と思っても、バットの芯を外れているのでいい当たりがまったく飛ばない。結局、私たちは詰まった当たりの凡打を重ねることとなった。

試合は投手戦となり、9回が終わって0－0のまま延長戦に突入。「接戦になるだろう」とは思っていたが、まさか延長戦になるとは……。しかし、負ける気はまったくしなかった。その気持ちは、明徳に勝ったときから何も変わらなかった。谷脇監督も毎試合「お前らの力を出せば大丈夫」と言ってくれた。決勝戦の前も監督の言うことは変わらず、私たちも「俺たちがいつも通りやれば勝てる」と自信を持っていた。

とはいえ、接戦での試合の守備は、終盤になればなるほど緊張感が高まる。ましてや甲子園の決勝戦という大舞台で、しかも9回まで0－0の緊迫感あふれる投手戦である。

9回表、帝京の攻撃の際に、2アウトから4番の海老沢武彦に三塁打を打たれた。続く5番打者が打席に立ったとき、ファーストを守っていた私は「打球が飛んでくるなよ」と思った。結果はセカンドゴロで3アウトになったのだが、私は打球がセカンドに飛んだのを見て安堵したのを覚えている。

10回表の帝京の攻撃を無失点でしのぎ、裏の私たちの攻撃に入った。先頭打者だった7番・キャッチャーの堀川潤が左翼線へ二塁打を放ち、ノーアウト二塁。続く8番・宮本雄二が、三塁側へ完璧な送りバントを決めて1アウト三塁となり、私たちはサヨナラの大チャンスを迎えた。

打席には9番の小島尚。3ボール1ストライクから、小島はレフトにフライを打った。浅いレフトフライだったが、三塁ランナーはタッチアップ。実は、帝京のレフトの選手が利き腕の肩を故障しているとの情報を私たちは事前に得ていた。普通ならタッチアップはあきらめる当たりだが、三塁ランナーの堀川は迷わずスタートを切った。案の定、帝京のレフトはホームへダイレクト返球ができず、ショートがカットに入った。堀川はホームにヘッドスライディングしながら、キャッチャーのタッチをうまくかいくぐった。球審の両手が広がる。

「セーフ！」

私たちは劇的なサヨナラ勝ちを収め、高知商初の「甲子園優勝」を成し遂げた。延長10回を戦い、試合時間は1時間49分。延長戦なのに2時間経っていないという短い試合時間が、いかにテンポのいい投手戦だったかを物語っている。

1980年、センバツで初の全国制覇❺
春夏連覇をまわりは期待したが……

それまでに高知商がセンバツの決勝に進んだのは2回あったが、いずれも準優勝に終わっていた。まさに三度目の正直でつかんだ栄冠だった。四国四商の中で甲子園優勝を果たしていなかったのは高知商だけだったこともあり、ほかの3校とやっと肩を並べられたような気がして、私たちの喜びもひとしおだった。

私はセンバツ優勝キャプテンとなり、親が一番喜んでくれていたように思う。凱旋して高知駅からパレードをした際には、10万人が集まった（当時の高知市の人口は約30万人だったので、3分の1の市民が集まってくれたことになる）。その5年前、高知がセンバツで優勝しており、中学入学前だった私は地元テレビの中継でパレードを見た。当時の高知には杉村繁さん（東京ヤクルトスワローズ一軍打撃コーチ）がいたのだが、そのときはまさか自分が同じ立場になれるとは夢にも思っていなかった。

センバツ終了後、私たちは谷脇監督から「四国でセンバツの決勝に残った学校はその夏、甲子園に出場できないジンクスがある」と聞いた。たしかに、過去の歴史を紐解くと、センバツ決勝に進出した四国の学校で、夏も甲子園に出場したところはなかった。高知県の学校でも土佐、高知、中村がセンバツ決勝に進んでいたが、いずれも夏は甲子園に出ていない。私たち3年生は「何としてもそのジンクスだけは破ろう」を合言葉にがんばった。いま思えば、谷脇監督は私たちの奮起を促すために、そのような話をしたのだと思う。

でも実を言うと、谷脇監督の思いとは裏腹に、私たち選手はセンバツ優勝で燃え尽き症候群になっていた。周囲の人たちは「春夏連覇だ！」と盛り上がっていたが、私たちは「高知大会を制するのも難しいかも……」と内心では思っていた。

だが、エース・中西のがんばりもあって、私たちはやっとのことで県大会を勝ち上がり、甲子園に行くことができた。チームが甲子園に辿り着けただけで満足していたので、私たちには「春夏連覇」という気持ちなど毛頭なかった。しかし、マスコミからは「春夏連覇を狙う高知商」と取り上げられていた。

1回戦の松商学園戦に2－0で勝ち、2回戦は箕島と対戦することになった。箕島はその前年に甲子園春夏連覇の偉業を達成しており、日本最強といわれていた。春夏連覇を狙う（私たちは狙っていなかったのだが……）高知商と、夏連覇を狙う日本最強の箕島との対戦とあって、2回戦にもかかわらず甲子園は超満員となった。

その日の朝刊には、「高知商の春夏連覇か」「箕島の夏連覇か」という見出しが躍っていた。試合前、先攻後攻のジャンケンをする際、日本高野連の役員の方から「両校は日本を代表する学校だから、手本になるような試合をしてください」と言われたのを覚えている。

試合は0－5の完封負けだった。でも、私たち3年生には「やるだけやった」という満足感があった。だから負けたものの、心は晴れ晴れとしていた。

このときの甲子園は、愛甲のいる横浜が優勝候補だった（結果的にも横浜が優勝した）。だから抽選会のとき、チームメイトから「横浜を引いてこい」と言われた。春夏連覇などまったく考えていない私たちだったので、「横浜なら負けても誰も文句を言わんだろう」という考えがあったからである。

初戦突破後の抽選の結果、箕島の対戦が決まった。当時の夏の甲子園大会は1回戦ごとにバックネット前で抽選をするのが慣例で、箕島との対戦が決まった瞬間に球場内からどよめきが起こり、びっくりしたことを鮮明に記憶している。その後チームメイトも「箕島なら前年春夏連覇だから、まあいいか」と納得してくれた。

当時、高知商を応援してくれていた方々には申し訳ない話なのだが、あのときの私たちは、本当にそのくらい勝ちたいという気持ちになれなかったのだ。

箕島に負けた後、谷脇監督は私たちに「本当にお疲れさん」と言ってくれた。本当によくここまでやってくれた、と。谷脇監督は私たちのことをわかってくれていた。センバツ優勝以降、周囲から注目され、期待され、招待試合などで全国を飛び回り、チームのみんなは疲れ果てていた。箕島に負けて、私たち3年生の高校野球は幕を閉じた。でも、悲しさはまったくなく、ほっとした気持ちのほうが大きかった。

余談だが、何年か前、近大福山と練習試合をすることがあり、試合前の名刺交換で相手の監督さんに「はじめまして」と挨拶をした。すると、その監督さんから「初めてちゃうぞ！」と笑顔で言われた。名刺を見ると「宮本貴美久」と書いてある。この名前を私が忘れるわけがない。そう、宮本君は私たちが負けたときの箕島のエースである。

宮本君からは「俺はちゃんと、上田が高知商の監督だというのは調べてきたよ。それなのに、お前は相手の監督も調べていないのか」とお叱りを受けた。宮本君は2013年から近代福山の監督を務めていた。昼食をともにしながら、宮本君とは当時の話に花を咲かせた。宮本君から「あのときの高知商は、みんな本気じゃなかっただろ？」と言われたのだが、やはりわかる人にはわかるのだなと感心したのを覚えている。

高知商OBのプロに名投手が多い理由

創部105年を迎えた高知商野球部には、私と同期の中西をはじめプロ野球の世界に進んだOBも多い。
・須藤豊さん（横浜大洋ホエールズ監督）
・江本孟紀さん（阪神タイガースほか）
・浜村孝さん（西鉄ライオンズほか）

・鹿取義隆さん（読売ジャイアンツほか）
・森浩二さん（阪急ブレーブスほか）
・中西清起（阪神タイガース）
・津野浩（日本ハムファイターズほか）
・中山裕章（横浜大洋ホエールズほか）
・岡林洋一（ヤクルトスワローズ）
・岡幸俊（ヤクルトスワローズ）
・藤川球児（阪神タイガースほか）

ざっと挙げただけでも、これだけの錚々たるプロ野球選手がいて、不思議なことにピッチャーが多い。高知商が優秀なピッチャーをプロ野球界に輩出しているのは、たまたまなのかもしれないが、私は高知という土地柄、環境が影響しているようにも思う。

プロとなったOBピッチャーのほとんどが、幡多地方（高知の西部に位置。いまなら四万十市、宿毛市あたり）出身であることは注目に値する。幡多地方は漁師町であり、ここで暮らす人たちは、幼少期から海や川で泳いで育つ。私が子どもの頃は野球をして遊ぶことも多かったため、幡多地方の子どもたちは普段から水泳と野球を並行して続けていたのだろう。

海や川で泳ぐことによって、体力や心肺機能の能力が高まるだけでなく、肩回りの柔軟性も育まれる。これは私の推測でしかないが、高知商ＯＢのプロ投手には、このような自然に恵まれた環境の中で育ったという共通点があるだけに、そこに何かしらの関連性があるように思うのだ。

近年の高知商の選手たちを見ると、「この子は小さい頃に自然の中で遊んでいないだろうな」と思う子がとても多い。なぜなら、私たちが現役だった頃より明らかに身体の柔軟性に欠けていて、ケガをする選手が多いからである。

小さい頃から、スポーツとしての野球でしか体を動かしていない。だから、アクシデントによって変な動き（転んだり、ぶつかったり）をすると、すぐにどこかを痛めてしまう。海、川、山などの大自然の中で遊んでいると、必ず痛い目にあう。でも子どもたちは、痛い目にあうことで「そうならないような柔軟な動き」「利にかなった動き」を体で覚えていく。疲れない動き方、痛くない転び方などを私たちの世代はスポーツではなく、毎日の遊びの中で身につけていたのだと思う。

現に私も中西も、我々の世代が本格的に野球を始めたのは、中学に入ってからである。

小学校まで私たちにとって野球は、数ある遊びの中のひとつのメニューに過ぎなかった。中学時代の教え子である藤川球児は、大会前でも練習が終わると仲間たちと一緒に川遊びに興じていた。しかし、そういった環境の中から多くの名投手が生まれたことは事実なのである。

プロで活躍した著名なOBとの思い出

教え子でもある(藤川)球児の話は次項でお話しするとして、私より年上の大先輩と年の近いOBとの思い出をここでご紹介したい。

私が、まだ30歳の頃のOB会での話である。30年ほど前の話とはいえ、その当時ですでに高知商には70年を超える歴史がある。OB会には歴代の監督、キャプテンを筆頭に私よりはるかに年上の諸先輩方がたくさんいらしていて、30歳の私など若輩者に過ぎず出る幕などなかった。

すると、隅のほうで大人しくしていた私のところに須藤豊さんがやってきて「お前だけだぞ、この中で旗（甲子園の優勝旗のこと）を持ったことのあるキャプテンは。もっと偉そうにせい！」と話しかけてくださった。プロ野球で監督まで務められた偉大なOBである須藤さんにそう言われて、うれしかったのと同時にとても恐縮してしまったことをよく覚えている。

江本孟紀さんはみなさんご存じのように、南海ホークスや阪神タイガースなどで投手として活躍されたのち、引退してからは歯に衣着せぬコメントでタレントとしても人気を博し、その後は参議院議員にもなられた方だ。

江本さんの高校現役時代のチームは「高知商史上最強」といわれていたのだが、出場が決まっていた甲子園には不祥事によって出ることができなかった。当時の4番打者だった浜村孝さんは、西鉄ライオンズにドラフト1位で指名されてそのままプロの世界へ。江本さんは法政大学に進み、その後プロ野球選手となった。

球児が阪神にドラフト1位指名された年（1998年）、高知市内で子どもたちを集めた野球教室が行われた。江本さんはその講師として参加していて、私も中学の指導者としてお手伝いをしていた。その際、江本さんと話していて球児の話題になった。すると、江本さんは間髪入れずに「阪神にはクセのある監督が行ったからなー」とおっしゃった。翌シーズンから阪神の新監督に就任する予定の「クセのある監督」とは、野村克也監督のことである。江本さんは現役の頃、野村監督とともにプレーしていた時期もあり、互いによく知る間柄だったのだ。

私が中学生だった頃、シーズンオフになると野球部の練習のお手伝いに来てくれていた大学生がいた。その人こそ、当時は明治大学野球部に在籍し、その後読売ジャイアンツや西武ライオンズの中継ぎ・抑えとして大活躍した鹿取義隆さんである。

鹿取さんの中学時代の監督（田島栄先生）が、私の野球部の監督だった（当時のことは第2章でお話しする）ため、シーズンオフになると帰郷した鹿取さんが私たちのグラウンドにやってきて、練習試合では塁審などもしてくれていた。私たちは小学生のときに、甲子園のマウンドで投げている鹿取さんをテレビで見ていたので、「あ、あの鹿取さんや！」と盛り上がったものだ。

ちなみに、鹿取さんは中学時代にはキャッチャーをしていたそうだ。その後高校に入って、バッティングピッチャーをしていた鹿取さんのボールを見た松田先生が、「鹿取、ピッチャーをやってみろ」と言って鹿取さんのピッチャー人生が始まったと聞いている。もしその頃、松田先生が見ていなければ「ストッパー・鹿取義隆」は誕生していなかったかもしれない。

私が日体大の3年生の夏（1983年）、高知商はエース・津野浩の活躍もあって甲子園出場を果たした。津野が1年生の頃、高知商が神奈川に遠征に来たことがあり、私はその練習試合で津野の投球を見た。その頃の津野は投げ方もどこか硬く、それほどいいピッチャーには見えなかった。しかしその2年後、帰郷して高知商の練習を見たのだが、そこで目にした津野の投球フォームは2年前とは別人だった。動きだけではなく体つきもよくなり、すばらしいストレートを投じるようになっていた。また、津野はピッチングはもちろん、バッティングにも非凡なものを持っていた。

甲子園では順調に勝ち上がり、3回戦（箕島戦）で津野は満塁ホームランを放った。打った相手は当時の箕島のエースであり、いまは千葉ロッテマリーンズで監督をしている吉井理人である。箕島に8－2で勝利すると、続く準々決勝ではPLと当たった。

PLにはきら星のごとく現れた桑田真澄と清原和博の1年生コンビがおり、日本中から注目されていた。試合は序盤に0－8とPLが圧倒的な力を見せていたが、中盤に高知商も驚異的な粘りを見せて1点差まで迫ったものの、追撃及ばず惜しくも9－10で敗れた。津野の後を受け、途中から登板したのが1年生の中山裕章だった。ちなみに中山も鹿取さんや私と同様、田島先生の教え子である。

中学指導者時代の教え子だった藤川球児

私の中学指導者時代の話は第2章で詳しくお話しするとして、球児と出会ったのは高知市立城北中の野球部監督を務めていたときだ（球児の1歳上の兄・順一がすでにうちの野球部にいて、キャッチャーをしていた）。

球児が入学してくるちょっと前、所属していた学童野球チーム「小高坂《こだかさ》ホワイトウルフ」の監督さんから「いい投手だから大事に育ててくれ」と言われていた。ところが、いざ入学したら球児は野球部には来ず、ハンドボール部の練習に参加したりしている。私はそんな彼に「野球部に入らないなら、球児という名前を変えろ」と冗談で言ったりしていたが、ほどなくして球児は野球部に入部してきた。

当時の球児の投げる球には、のちの「火の玉ストレート」の片鱗はまだなく、体も華奢だった。しかし、投げ方がきれいでストレートにはキレがあり、噂通りのいいピッチャーであることは間違いなかった。

当時の市内大会は準決勝、決勝がダブルヘッダーで行われるのが通例になっていた。2試合をひとりのエースに投げさせる指導者が多い中、私は球児を2試合連続で登板させることは避けた。球児を決勝戦に登坂させず、準優勝に終わったことは何度もあり、まわりからは「球児を投げさせれば優勝できたのに」とよく言われたものだ。だが、私はホワイトウルフの監督さんとの約束を最後まで守り、球児に連投させることだけはしなかった。

中学時代の球児は「絶対に勝つ」というガツガツしたところがなく、どちらかと言えばのんびりしたタイプだった。私はそんな彼に対して「お前がそんなんで、どうするんじゃ！」とかなり怒ったようだ。「ようだ」という表現になるのは、実は私自身その発言をあまり覚えておらず、球児から「先生からよくそう言われた」と聞いたからである。

球児の兄・順一はキャッチャーで体格もよく、野球もうまかった。野球のパワーという点では、順一のほうが球児より上だった。ふたりは年子だった。だから、私は球児のお母さんに「年子でふたり産むのではなく、ひとりだけ産んでふたりの能力を持ち合わせたらとんでもない選手になったのに」とよく冗談で言っていた。ふたりは中学でバッテリーを組んでいたが、高知商に進んでからも兄弟バッテリーとして、甲子園出場を成し遂げることになる。

球児は高校に行ってから、その実力を大きく伸ばした。当時の高知商の監督は、私の2歳上でPLに決勝で敗れたときの副キャプテンだった正木陽さんである。球速は、高校2年時に140キロ台後半を記録するようになった。これは正木さんの指導と、球児の努力の賜物だろう。

当時、球児が机の引き出しに記した落書きがいまも監督室に残っている（写真下）。正木さんに聞くと、甲子園に出場した2年夏を経て、秋の大会後に球児が書いたものだという。いまではすっかり

藤川球児氏が高校2年生の秋の大会後、
机の引き出しに書いた落書き

薄れてしまっているが、落書きには「1997・12・15　Mr.高知商　藤川球児　これを見た若者よ、俺はメジャーに行く」と記されている。自分で「Mr.」を名乗るあたりが球児らしいが、のちに高卒ドラフト1位で指名される投手になるとは思いもしなかった。

プロに行ってからの球児の活躍は、みなさんよくご存じの通りである。彼は2020年に引退するが、その前年、高知商が関西に遠征に行く機会があり、その際にたまたま私のスケジュールが合い、阪神のデーゲームを観戦できることになった。

球児に連絡をすると、すぐに席を取ってくれた。そして「先生、車のナンバー教えて。駐車場も取っておくから」と気づかってくれた。それまで、球場の席を取ってくれることはあっても、駐車場まで確保してくれるようなことはなかった。球児の手厚い私へのサービスに「これはひょっとして、そろそろ終わりが近づいているのかな?」と直感した。

そして翌2020年夏、ファームでリハビリをしていた球児に電話をすると、詳しい箇所こそ明言しなかったが「痛いんです」と彼は言っていた。その後、8月末に球団から球児の引退が発表された。プロとして19年間で、日米通算245セーブ。球児はプロ野球選手として、本当によくがんばったと思う。今後はその業績と知名度を生かし、日本球界を盛り上げていってほしい。

夏の甲子園「100回記念大会」に出場するまでの道のり

2015年、私は指導者として母校である高知商に戻ってきた。そして、監督に就任してから3年目の2018年に、私たちは12年ぶりの甲子園出場を果たした。

奇しくも2018年は、本校の創立120周年・野球部創部100周年にあたる年であり、夏の甲子園も100回目を迎える記念大会だった。私は、そんな大きな節目の年に甲子園に出場することができて、運命的なものを感じると同時に「甲子園で恥ずかしい試合はできない」と相当な重圧も感じていた。

そのときの甲子園での戦いぶりをお話しする前に、まずは県大会から振り返りたい。

2018年のチームは、走攻守ともに戦力的に充実していた。春の大会では、センバツに出場した明徳と高知の二強が不参加だったこともあり、私たちは危なげない内容で勝ち上がって優勝した。その後に進んだ四国大会では、徳島代表の鳴門にコールド負けを喫したものの、それも夏の大会に向けて選手たちの気を引き締めるいい機会になったように思う。

「創部100周年の年に、甲子園第100回記念大会に出場しよう！」を合言葉に臨んだ夏の県大会。準々決勝で当たった高知追手前には、その前年秋の3位決定戦において6－9で敗れていた。高知追手前のエース左腕はとてもいいピッチャーだったが、私たちは左対策もしっかり行っていたので9－2で勝つことができた。

県大会で好調だった打撃をキープして、チームは甲子園でも打ちまくった。そのせいか、このときのチームを「打撃のチーム」と思っている方がとても多い。しかし、この代を支えたのはほかでもない、エースの北代真二郎である。

続く準決勝の高知戦は、その北代が完封。さらに決勝の明徳戦は、2失点するも10－2の完投勝ち。決勝戦の後には、「明徳がこんなに点差をつけられて負けるのも珍しい」との声をよく聞いた。

私自身、明徳と戦ってこれだけの点差で勝てるとは、まったく思ってもいなかった。決勝で勝つ自信も、それほどあったわけではない。だが、準決勝・高知戦での北代のピッチングを見て、「この大会は選手に任せよう」と私は腹をくくることができた。北代を筆頭とする選手たちのがんばりで、私たちは「守り打ち勝つ野球」を続け、高知県を12年ぶりに制したのである。

このときの明徳のエース・市川悠太（元東京ヤクルトスワローズ）は、前年の神宮大会を制して春のセンバツにも出場しており、全国的にも注目されているピッチャーだった。うちの選手たちは、中学時代から市川君のことをよく知っていて免疫はあった。夏の大会前には、市川対策でマシンの速度を160キロに設定して、バッティング練習を行った（打つというよりも、見るだけで目を慣らす練習をした）。そして、私たちは明徳に打ち勝ち、彼らの8連覇を阻止したのだ。

実はこの明徳戦の直前、私は選手たちにあるビデオを見せていた。それは、私が高校現役最後の夏の県大会での決勝戦。相手は明徳である。私たちは、この試合にサヨナラ押し出しフォアボールで勝利して、甲子園出場を決めていた。その最後のシーンを選手たちに見せて、「お前たちもきっと勝てる！」と鼓舞した。言ってみればイメージトレーニングみたいなものだが、とにかく私は「明徳アレルギー」のようなものを払拭したかったのである。

先述したように、明徳に勝てるという確信はなかったが、不安もあまりなかった。チームに勢いがあったので、ベンチでも悠々としていた。大会中、常に選手たちに言っていたのは、「俺を甲子園に連れていってくれ」という言葉だった。

高知商の監督に就任してから、私は明徳にずっと負けてきた。この2018年決勝戦の勝利が、私にとって初めて明徳に、馬淵史郎監督に勝った瞬間だった。

その後、明徳とは公式戦で何度も当たり、勝ったり負けたりを繰り返している。だが、馬淵監督という高い壁を越えた感触は一度も得られていない。ただ、馬淵監督と対戦することによって、選手のみならず私自身も成長させていただいているのは事実である。

監督として初めての甲子園
——打線が奮起して3回戦進出

2018年8月、高知県を制した私たちは夏の甲子園に臨んだ。私にとって、現役時代から考えると43年ぶりの甲子園だが、監督としては初の大舞台である。実際に甲子園に来てみると、懐かしさより「ついに来たな」という清々しい緊張感に包まれた。

山梨学院との1回戦は乱打戦となった。序盤「甲子園では使っているボールが違うんじゃないか?」というくらいに、うちの選手たちはよく打ったし打たれもした。しかし7－1の6点リードで迎えた5回表、山梨学院に満塁ホームランを打たれるなどして一挙に8失点。楽勝ムードから一転、7－9と逆転されてしまった。

北代がここまで打たれることはそれまでになかったし、想像もしていなかったので私も驚いた。しかし、私たちをここまで導いてくれたのは北代である。「きっと立ち直ってくれる」と信じてピッチャー交代はしなかった。

逆転されて選手たちがベンチ前に帰ってきたとき、私は選手たちに「勝利監督インタビューを受けさせてくれ」とお願いした。するとその後、打線が奮起して6回に4得点、7回に3得点。シーソーゲームとなった乱打戦を14－12で制して、私たちは2回戦に駒を進めることとなった。

2回戦の相手は慶應義塾だった。神奈川の県立相模原では、日体大の先輩である佐相眞澄先生が監督を務めている。試合前、相模原の選手たちがまとめてくれた膨大な資料が私のもとに届いた。データを見ると、左の好打者が3人ほどいた。そこで、私はバッテリーに「その3人に打たれるのはしょうがない。だから、その前後を切っていくぞ」と指示を出した。

２０２３年夏の甲子園では、慶應が１０７年ぶり２度目の優勝を果たした。各試合ではアルプスの大応援団も話題となったが、私たちと対戦したときの応援も実に凄まじかった。私は、選手たちには事前に「慶応の応援はすごいからな」「もし圧倒されそうになったら、自分が応援してもらっていると思え」「甲子園の応援の元を作った学校だから、その本家本元の応援を楽しめ」と伝えた。

１回戦と同様、この試合でもうちの打線が序盤に火を噴き、１回表に１点を先制。しかし、その裏に慶應の攻撃ですぐに２点を入れられて逆転される。だがこのとき、私たちは慶應から５本の安打を浴びたものの、２失点でしのぐことができた。

「５本もヒットを打たれたのに、２点で終わるなんてお前らツイてるぞ」と、ベンチに戻ってきた選手たちに私は言った。すると、２回表に打線が爆発して７得点。さらに、４回にダメ押しとなる４点を追加して、私たちは12－6で勝利した。この日の慶應にはエラーやミスも多く、私たちが「勝たせてもらった」という内容の試合だった。

慶應との試合は、その日の最後となる４試合目にあたり、しかも３試合目の星稜対済美戦が延長13回の熱戦となり、開始時刻が予定よりだいぶ遅れた（13－11で勝利した済美と、私たちは３回戦で戦うことになる）。そのため、私たちの試合はナイターで行われた。

ＯＢである藤川球児は、阪神タイガースの一員として「死のロード」に出ていた。私たちの試合がナイターとなったため、球児は甲子園の様子をブルペンのモニターで見てくれていたそうだ。球児がブルペンにいたピッチャーたちに、私のことを「俺の恩師や」と紹介すると、ラファエル・ドリスが「こいつ、試合中なのに酔っ払っている」と言ったらしい。日焼けして真っ赤になった私を見て、「酒を飲んでいる」と思ったのだろう。後日、球児が笑いながら私にそう教えてくれた。

済美との四国対決となった夏の甲子園3回戦

好調な打線に支えられ、私たちは順調に勝ち上がって3回戦で済美と戦うことになった。私が監督になってから四国大会で一度、２０１５年に済美と対戦しているが、それ以来顔を合わせたことはなく「済美はこういうチーム」という明確なイメージが私にはなかった。

だから、いままで同様「選手たちに任せよう」と思っていたのだが、試合前のノックのときに、選手たちの表情が1、2回戦とはちょっと違うことに気づいた。疲れがたまっているのか、全体的にボーッとしているように感じたのだ。こんなときに、選手たちの尻を叩いてもしょうがない。「ムチは入れず、のびのびやらせよう」と試合に入ったのだが、結局打線のエンジンがかからないまま試合は終わった。相手のエース・山口直哉投手に抑えられ、1－3での敗戦だった。

打線に元気はなかったものの、北代は粘りのピッチングを見せてくれた。うちの唯一の得点である7回の1点は、北代のタイムリーで入ったものである。

ちなみに済美はその後、小園海斗（広島東洋カープ）のいる報徳に3－2で勝ち、準決勝では根尾昂（中日ドラゴンズ）や藤原恭大（千葉ロッテマリーンズ）のいる大阪桐蔭に2－5で敗れた。

先述したように、私は高知商の伝統である「守り勝つ野球」をベースに指導している。高知市の中学野球の指導者を長く務めていたが、全国優勝を何度もしている明徳中、高知中の野球が、まさに「守り勝つ野球」である。こちらのミスによって、いらない点をあげていたら絶対に勝てない。この基本姿勢は、高知商の指導者になったいまもまったく変わっていない。2018年のチームは、ピッチャーを中心とした「守備力」に加え、強化された打線がうまく組み合わさって、「守り打ち勝つ野球」で好結果を残すことができた。

全国レベルの強豪校は、コンスタントに甲子園に出場することでその強さを保っている。少なくとも3年に一度、甲子園に出場していれば「甲子園を知らない代」を生み出さずに済む。

甲子園に行くためにはどうしたらいいのか？

どの程度の練習をしなければいけないのか？

そういったことを、実際に経験した者たちが代々伝えていくのは、甲子園を身近なものとして置いておくためにも、何より重要なことである。

残念ながら高知商は2018年以来、甲子園には手が届いていない。だから、私がいまの選手たちに「当時の選手たちは、こういう考え方でやっていたよ」「あの頃の選手たちは、ここまで努力していたよ」「ここまでやらないと、甲子園には行けないよ」と伝えるようにしている。

最低でも、3年に一度は甲子園に行く。まずはそこを目指していきたいが、そのためには明徳に勝たなければならない。馬淵監督率いる明徳をいかに倒すか。それが変わらぬ私のテーマである。

2024年の夏に向けて

私は現役の頃から、「明徳に勝つこと」だけしか考えていなかった。キャプテンとして戦った、1980年夏の県大会決勝の後の新聞の記事に私のコメントが残っており、そこには「勝って甲子園に行くというよりは、明徳に負けたくなかった」と記されている。私にとっての永遠のライバル、かつ自分を成長させてくれる相手、それが明徳なのである。

近年、本校は春夏秋の県大会において、コンスタントにベスト4まで勝ち残ることができている。だが、県のベスト4に行くのは最低ラインだと私は考えている。だから、選手たちにも準決勝に進出したら、必ず「ここからだからな」と伝えるようにしている。ベスト4からが、高知県では本当の勝負。明徳や高知といった好敵手を乗り越えないと、甲子園は見えてこない。

来る2024年の夏に向けて、課題はたくさんあるが伸びている部分も多く、私自身も選手たちが今後どれだけ成長してくれるかとても楽しみである。

エース候補の岡村宝は、身長189センチの本格派で2023年の春以降、著しい成長を見せている。彼が3年生となる2024年、同じ学年にあとふたり計算できるピッチャーがいるので、彼らが最後の夏にそれぞれの力を発揮してくれれば、かなりいいところまでいけると確信している。

2023年の秋の大会では、投手陣の力投もあって高知大会で準優勝を飾り、5年ぶりに四国大会に進むことができた。四国大会では、1回戦で宇和島東に8－5で勝利したものの、続く準々決勝の鳴門戦で8－12と打ち込まれてベスト8で敗退となった。

うちはあくまでも守りがベースだが、勝つためには得点力も必要である。四国大会でエースナンバーをつけた岡村は、バッティングもいいので打線でも主軸となるだろう。さらに、1年生のときから正捕手をしている市川蓮斗も、バッティングはいいものを持っている。このバッテリーを中心として守備、打撃ともに枝葉をつけてチームを強化していきたい。

公立である本校が明徳、高知、高知中央、土佐といった強豪私学と渡り合っていくのは年々厳しくなっているが、公立校の雄として、さらには四国四商の一角を担うチームとして、誇りを持って今後も戦っていく所存である。

第2章

私と野球

自然で育った野球少年が指導者となるまで

私を野球に導いてくれた父と兄

私は高知県香南市《こうなんし》（以前は香美郡夜須町《かみぐんやすちょう》）という海あり、山あり、川ありの自然豊かな田舎町で生まれ育った。小学生の頃の夏休みは川で泳ぎ、田んぼで野球をして一日が終わるのが日課だった。

家族は両親と3歳上の兄の4人。兄弟揃って野球少年だったが、兄は私立の高知中に進み、そこから市立の高知商へと進学した。高知中野球部は県内では常勝チームで、通常はそのまま高知高（以下高知）に進む生徒が多い。しかし、兄は高知のライバルである高知商に入学した。これは、当時の高知県野球界としては非常に珍しいルートである。

兄が高校1年夏の新チームから、高知商の新指導者として谷脇一夫監督が就任したのだが、兄の在学していた3年間で高知商は甲子園には出場していない。兄はその後、明治大に進学して、ピッチャーとして何度かベンチ入りを果たした。明治大の兄の同期には現在、阪神タイガースの一軍ヘッドコーチを務めている平田勝男さんがいた。

私が小学生の頃は、地域にいまのような学童野球チームはなかった。だから、私たちがやる野球といえば、もっぱらゴムボールとプラスティックのバットを使っての遊びだった。夏休みになると、地域の小学生たちが出場するソフトボール大会が毎年行われていた。小学生のときにチームに所属してプレーをしたのは、そのソフトボール大会くらいのものである。

高知県は昔から相撲が盛んで、小学生のときは相撲にも積極的に取り組んだ。私の住んでいた香美郡では秋に相撲大会があって、4年生から出場することができた。学年ごとにカテゴリー分けされていて、私は4年、5年、6年と3年連続で優勝した。5年のとき、相撲連盟の方から「県大会に出てくれ」と頼まれて、そのときは県で3位になった。兄の通っていた高知中は相撲も強かったことから、高知中相撲部の関係者から「弟さんをぜひうちの相撲部に」という話もあったそうだ（後から父に聞いた）。

毎日、野山を駆け回り、川で泳いで野球や相撲をして遊ぶ。こういった日々を過ごすことで、私は野球選手として必要な基礎体力や基本的な動きを身につけていったように思う。

私が本気で「野球をやろう」と思ったのは、小学校5年のときに兄の試合を観戦したのがきっかけだ。兄はそのとき、高知中の2年。私はよく覚えていないのだが、父によると兄はその試合で、ピッチャーとして完封勝利を飾った。すると、マウンドで躍動する兄の姿を見て私の目の色が変わり、「俺も野球をやる」と言い出したのだという。私を野球の道に導いてくれた父と兄には、いまさらながら感謝の思いでいっぱいである。

夜須中に進み、四国大会で優勝して町のヒーローに

私の地元の夜須中には野球部がなかった。だから私は、兄と同じように高知中に進んで野球をしようと思っていた。高知中に合格するにはそれなりの学力も必要だったので、5年生から塾にも通った。

ところが、6年生になったとき夜須中に野球部が復活した。しかも、その野球部の監督として赴任してきたのが、高知県でも有名な指導者である田島栄先生だった。田島先生は赴任した先々で県大会優勝を飾っており、鹿取さんが在籍した鏡野《かがみの》中も優勝させていた。

その年の夏、田島先生率いる夜須中野球部は、県大会で準々決勝に進出して対戦相手は優勝候補筆頭の高知中。高知中は奇しくも兄がエースであり、幼馴染たちによる対戦となった。その試合は夜須中が惜しくも敗れたものの、野球部が復活してすぐに県大会ベスト8に進出したとあって、町中が大騒ぎになったことをいまでもよく覚えている。当時小学6年生であった私に、田島先生が「高知中に行かなくても、野球で勝たしてやる」と声をかけてくださった。我が町の時の人でもあった田島先生からの直接のお誘いに、私の心はときめいた。その直後から、私は夜須中野球部の練習に参加するようになった。

いまであれば、中学野球部の練習に小学生が参加するなど認められることではない。しかし、当時はまだ何かと緩いご時世である。私の通っていた夜須小は夜須中に隣接していたこともあって、学校が終わるとそのまま隣の中学に行って練習する日々が続いた。これもいまではあり得ないが、私は小学生なのに練習試合にも出させてもらった。そのまま4月になって正式に野球部に入部すると、私は新入生なのに当たり前のようにレギュラーとなった。1年のときは野手、2年になってピッチャーをやるようになり、3年になったときにはエースで4番のキャプテン。しかも、学校では生徒会長も務めていた。

3年生のときに、私たちは中体連の四国総体で優勝を収めた。兄も、高知中時代に四国総体で優勝していたので、兄弟で四国総体の優勝投手となり、父も母もとても喜んでくれた。

兄のいた高知中が優勝しても、町の人にとっては当たり前の出来事だった。しかし、田舎町の夜須中が優勝、しかも県大会ではなく四国を制したのである。あり得ない話に町中が大騒ぎとなり、通学途中に近所の大人たちから「修身よくやった！」と何度も声をかけられた。

だが、私たちの四国総体優勝には、実は裏話がある。当時、県下ナンバー1ピッチャーといわれていた中西清起が風疹にかかってしまい、このときの県総体に参加していなかったのだ。当時、中西は宿毛市立小筑紫《こづくし》中にいた。「小筑紫中の中西はすごい」と、彼の噂は香美郡の私たちの耳にも届いていたが、実際に彼の投球を見たことはなかった。人づてに「球が速い」「バッターの打球が前に飛ばない」といった話はよく耳にしていた。

県総体中にふと新聞を見ると、その小筑紫中が負けていた。不思議に思って学校で田島先生に確認すると、中西が風疹にかかって登坂せず、それで負けてしまったのだという。その後、私たちは県総体でするすると勝ち上がって優勝を収め、その勢いで四国総体までをも制してしまったのだ。

その四国総体後、私たち3年生にとって最後の県大会が夏休みに行われ、そこで私たちは準決勝で横田真之（元ロッテオリオンズほか）のいる南国《なんこく》市立香長《かちょう》中と当たって敗戦した。

決勝のカードは、その香長中と中西のいる小筑紫中の組み合わせとなった。そして、この決勝戦で中西は完封してチームを優勝に導いた。中学時代の中西は、登坂した試合のほとんどが完封勝ちだった。もし、中西が県総体で風疹にかからず出場していれば、私たちが四国総体を制覇することもなかったに違いない。

時代の最先端を行っていた中学時代の恩師、田島栄先生

私にとって恩師と呼べる一番の存在が、中学時代（厳密に言えば小学校6年生から）にお世話になった田島栄先生である。田島先生とは現在でも同窓会などでお会いするが、

私にとってはいまだに畏怖すべき存在である。

田島先生は「お前らより力のあるチームを、俺はたくさん見てきた（率いてきた）。それなのに、その強いチームも四国大会では優勝できなかった。お前らがなんで四国大会で優勝できたのか、いまでもようわからん」とよくおっしゃる。

田島先生ご自身は、中学までしか野球をしていない。空手6段の腕前だが、体はさほど大きくない。田島先生は芸術の分野にも秀でておられ、高知県展の洋画部門で3度の特選になった無監査作家であり、高知では洋画家としても第一人者である。そんな多才な方であるから、独学で野球を学んでいくつもの学校、チームを優勝に導くことができたのだろう。

「部活動中の水分補給は絶対にＮＧ」という時代にあって、田島先生は水分補給ＯＫ。練習も、40分くらいやったら必ず休憩が入った。大会前になると激しい練習は行わず、「体を休めなければ本番では動けない」と調整的なメニューも取り入れていた。

当時は、中学野球で細かいサインプレーをするチームはあまりなかったが、田島先生はサインのパターンも3種類ほどあり、どれで行くかは試合の日の朝に決まった。チームメイトの中には、サインを覚えるのに苦労している者もいた。

その後進んだ高知商では、采配、戦術など谷脇監督から高いレベルの野球を教えていただいた。しかし、細かいサインに関しては、私は中学時代に田島先生が繰り出すサインに慣れていたので、高知商で苦労することはまったくなかった。

練習内容も、試合の戦術も、田島先生は中学野球の時代の最先端を行っていたように思う。いまでもよく覚えているが、先生はいつも「野球は分析と創造力だ」と語っていた。自分のチームをしっかり分析して、どうしていったらいいのかを創造する。それが大切だと、私たちは先生から教わった。

田島先生は、たしかに創造力が豊かな方だった。当時、ピッチングマシンを買う財力などなかった野球部に、先生は自分で製造したマシンを持ってきたことがあった。「大きなパチンコ」のような外見のそのマシンは、ゴムを動力としてボールを弾き出す。しかし、ボールに回転が与えられないため、軌道がフォークボールのようになってしまい、さらにコントロールも定まらない。先生ご自身が「あれは俺の失敗作」と言うように、画期的なこの試みは残念ながら失敗に終わった。

いまでこそ、立てた棒の先にボールを置いて打つ「スタンドティ」は、練習道具としてメジャーな存在だが、先生は半世紀も前に椅子を改造したバッティングスタンドを作り、私たちに練習させていた。

部員が少なかったため、ピッチング練習でキャッチャーをつけることもできない。だから、先生はグラウンドの片隅にコンクリートの塀を造り、そこにストライクゾーンのマス目を描き、ひとりでも壁当て方式でピッチング練習をできるようにしてくれた。

このように、工夫を加えて田島先生は限られた時間や環境を有効に使い、どんな練習ができるかを常に考えている、まさに「創造力の人」だった。私の創造力など先生の足元にも及ばないが、それでもあの頃教わった「野球は分析と創造力だ」という教えは、いまも私の中に息づいている。

先述したように四国総体で私は優勝投手となり、多くの強豪校からお誘いをいただいた。田島先生は、私を進学校でもある土佐に行かせたかったようだ。でも、私は「土佐では甲子園に行けません」と断り、兄がお世話になったこともあって高知商に進むことを決めた。

田島先生は私の人生の基礎を作ってくれた人で、恩師というより大恩人といったほうがいいかもしれない。野球だけではなく、人としてどう生きるか、人生についてもいろいろと教わった。ちなみに、私の結婚式の仲人をお願いしたのも、田島先生である。

高知商入学
——谷脇一夫監督からの教え

先にお話ししたように、3つ上の兄は高知商で野球をしていたが、残念ながら甲子園に出場することはできなかった（最後の夏は、甲子園の一歩手前の南四国大会まで進んだが敗戦）。谷脇監督は兄が1年生の夏から監督となり、高知商はかつての黄金期の強さを取り戻しつつあった。結果として私の入学後には、1年夏、2年春、3年春・夏と高知商は4度甲子園に出場した（私は2年春からレギュラー）。

私の故郷は、部活をやりながら高知商に通える距離にはなかったため、寮に入ることになった。いまは自宅から通う部員のほうが多いが、私の時代は郡部出身者が多数いたので寮生も多く、各学年に10人ほど計30人の寮生がいた。私の代のレギュラー9人のうち、8人は寮生だった。

高知商には中西や私など、高知県内の中学の有力選手が集まっていた。きつい練習もたくさんあったが、何よりも上下関係が厳しかった。雨の日の練習では、1年生だけ集められて教育係と呼ばれる先輩にきついメニューでしごかれた。入学直後は、普段の練習でも走ることばかり。入学して1週間ほどで10人ほどの1年生が野球部を去り、40人いた1年生も夏前には半分になった。でも、残ったメンバーはほぼ全員、3年最後の夏まで部活をやりきった。

私たち1年生がきつい夏の練習を乗り越えられたのは、最初の夏に甲子園を経験できたことが大きい。谷脇監督と先輩たちのおかげで「俺たちもがんばれば、甲子園に行ける」という可能性を知った。だから、きつい練習であっても「ここを我慢して乗り越えれば、甲子園がある」とがんばることができたのだ。

高校時代の恩師である谷脇監督は、高知商で18年間監督を務め上げ、その間に甲子園通算25勝を記録。私が言うまでもなく、高知県を代表する名将のひとりである。

谷脇監督の教えを受けた3年間で、私は技術的なことより精神的なことを多く学んだように思う。「世の中に出て、通用する人間になれ」が監督の口癖だった。また、谷脇監督は私たちに、「当たり前のことを当たり前のようにやる」ことを求めた。「声を出す」「全力疾走をする」、これだけはちゃんとやるようにとずっと言われ続けた。

私は高校の3年間で、谷脇監督の教えをやりきった自負がある。声を出すのも走るのも、とにかくいつも全力を尽くした。あれから約40年が経ったいま、私も谷脇監督の教えを選手たちに毎日説き続けている。

私が高校球児だった頃、いまでは名門として知られる愛媛県の宇和島東は、まだ無名に近い存在だった（上甲正典先生が宇和島東の監督に就任されたばかりの頃）。春のセンバツで優勝を果たした私たちは、夏の大会の前に宇和島東とダブルヘッダーの練習試合を行った。私たちは第1試合には勝ったものの、第2試合では負けてしまった。試合終了後、ベンチに戻ると谷脇監督は鬼の形相である。

「修身、宇和島東って聞いたことあるか？」

「ありません」

「春の甲子園で優勝したチームが、そんな名も知らん学校に負けるんか？」

その後、谷脇監督は「お前らのアクを抜く」と言って、ノックを延々4時間打ち続けた。当時は「勘弁してくれよ」という思いしかなかったが、いまあのときのことを振り返ると、谷脇監督のすごさが身に染みる。とてもではないが、私はノックを4時間もぶっ続けで打つことなどできない。

谷脇監督は試合の終わった午後3時頃から夜の7時まで、ずっとひとりでノックを打ち続けた。各ポジションに散らばった選手たちは、自分の番でなければ休むことができる。しかし、ノックの打ち手は監督ひとりである。当時の監督は30代半ばだったと思うが、その熱意にはただただ感服するばかりだ。

谷脇監督は高知商の監督を退任した後、高知市の姉妹都市である北海道北見市に招聘され、北海道北見柏陽で2003年から4年間監督を務められた。さらにその後、2012年に高知に戻って高知大野球部コーチに就任。74歳となる2018年まで、ノックバットを振り続けた。

もうすぐ（2024年4月に）、谷脇監督は80歳を迎えられる。いまでも監督は、寮の横にあるトレーニングルームに毎日のように現れ、筋トレに励まれている。傘寿を迎えようとしてなお、お元気な谷脇監督。これからもずっと、高知商を見守り続けていただければ幸いである。

ネクタイをするような仕事は嫌だ

――体育教師を目指す

私が日体大に進学するまで、高知商野球部から日体大に進んだ生徒はひとりもいなかった（柔道部やバレーボール部からはいたようだ）。そんな私が日体大の存在を知ったのは、実は中学生のときである。

中学の女子バレーボール部の顧問が日体大の出身で、私はその先生の体育の授業を受けていた。そこで「日体大を出れば体育の先生になれる」「部活の指導ができる」と知り、おぼろげながら「日体大に行くのもいいな」と思うようになった。

高校に入った直後は、「将来はプロ野球選手に」という夢を持っていた。しかし、中西というプロレベルの存在に接して現実を知り、考え方が少しずつ変わっていった。そして、卒業後はプロや社会人野球を狙うのではなく、就職するか、大学に行って野球を続けるか、どちらかだなと思うようになった。

最初は、うちの兄も進学した明治大に進むことも考えた（当時はうちの兄以外にも、高知商野球部から毎年のように明治大に進学していた）。でも冷静に考えると、全国から有力な選手が集まる明治に自分が進学して、そこで野球部の力になれるとはとても思えなかった。普通なら甲子園で優勝して、そのチームの3番バッターでキャプテンという立場なら、天狗になったり勘違いしたりしそうなものだが、私はそういった面では高校生ながらいつも冷静だった。

高校に入学して、技術やセンスに長けたほかの選手たちと一緒にプレーしていると、「自分は大したことないな」と感じるようになっていた。自分の限界を感じたからこそ、それを補うために私は誰よりも声を出し、一生懸命練習に励んでいたのだ。

当時、高知商の卒業生は、就職先に困るようなことはまったくなかった。高知商を出れば引く手はあまた。公務員、会社員など就職先はいくらでもあった。でも、私はネクタイをするような仕事に就きたくなかったので、安直に「体育の教師がいいな」と考えるようになった。そしてそのとき、中学時代の日体大出身の先生の顔が思い浮かんだ。3年生になって、私は進学先を日体大に絞り、両親や谷脇監督に「日体大に行きたいです」と相談した。

とはいえ、先述したように高知商野球部から日体大へ進んだ生徒は過去におらず、野球部とのパイプ、ルートがまったくなかった。すると、兄の中学時代の監督さんが日体大出身だということがわかり、父がその監督さんにパイプ役をお願いすると快く引き受けてくださった。私は日体大野球部のセレクションが受けられることになり、センバツで優勝したことなども評価され、日体大への進学が決まったのだ。

やる気の出なかった大学時代
――いまでも助けられている日体大OBのつながり

私が高校3年生だった1980年、日体大は首都大学野球連盟秋季リーグ戦において、東海大の10連覇を阻んで5回目の優勝を飾った。そして勢いそのままに、その後の第11回明治神宮野球大会では初優勝を果たした（前項でご紹介した相模原の監督である佐相眞澄先生が、4年生でベンチ入りしていた）。

私が日体大に入学すると、直後の春のリーグ戦で日体大は優勝。その後、全日本大学野球選手権大会に進むも、準々決勝で兄（4年生）が在籍していた明治に1－3で敗れた。試合後、兄から「明治が首都ごときに負けるか」と言われたのをよく覚えている。このときは悔しさというより、「そういうものなのか」と東京の大学野球の現状、置かれた立ち位置を理解したものだ。

大学に入って、遮二無二《しゃにむに》レギュラーを狙ったのかといえばまったくそんなことはなく、2年生の頃まで私の野球熱は高まらなかった。いま思えば、私の中に「本気の野球は高校時代でやりきった」という思いがあったのかもしれない。でも「ここまでやってきたんだから」と3年生になってから一念発起。その年の春の最終戦である東海大戦で、私は大学に入ってから初めてベンチ入りすることができた。

そして、レギュラーではなかったが、秋季リーグ戦では初戦からずっとベンチ入りした。そのとき4年生のキャプテンだったのが、2019年夏に履正社で全国制覇を成し遂げ、いまは母校の東洋大姫路で監督をされている岡田龍生さんである。この秋季リーグ戦の開幕カードとなる東海大戦で、私は最終回に代打で出場してタイムリーヒットを放った。しかもその相手は、ヤクルトドラフト1位の高野光さん。リーグ戦初打席・初ヒット・初打点となったこの打席は、私にとって数少ない大学時代の輝かしい思い出だ。

この頃の野球部の寮は、1部屋に1年から4年まで各学年がひとりずつ、計4人で生活していた。私が3年生のとき、同じ部屋だったのが4年生の岡田さんと、1学年下で2年生の園川一美（元千葉ロッテマリーンズ）である。当時は岡田さんに連れられて、夜な夜な飲みに繰り出したのも懐かしい思い出だ（おでんしかない「やまちゃん」という屋台が行きつけだった）。

ちなみに同部屋ではないが、園川と同じ2年生に現・徳島商監督の森影浩章がいた。

森影とは四国四商の監督同士として、いまでも練習試合をするなど交流は続いている。

　当時、翌年度のキャプテンは、監督・コーチといった指導陣と4年生のスタッフによる話し合いで決めるのが通例となっていた。そして、私たち3年生の中から新キャプテンを決めるにあたり、上級生である4年生スタッフの方々はキャプテン候補に私を推挙してくれた。

　しかし、監督は「試合に出ているレギュラーの中から決めるべきだ」という意見だった。たしかに、1学年上のキャプテンは内野（サードやセカンド）のレギュラーだった岡田さんだったし、2学年上は絶対的エースの白武佳久さん（元広島東洋カープほか）がキャプテンを務めていた。

　結局、監督と4年生スタッフによる役員会では答えが出ず、1～3年生の現役選手の投票でキャプテンを決めることになった。そして開票の結果、私がキャプテンに選ばれた。だが、3年時にやっとのことでベンチ入りを果たした私は、4年生になってもレギュラーにはなれなかった。たまにファーストの先発メンバーとして私の名前が呼ばれると、チームメイトには照れ隠しで「今日は捨て試合か？」などと自虐的な冗談を言ったりしていたものだ。

しかし、私たちの代が4年生になって、なんと春、秋のリーグ戦で連続優勝を収めた。春と秋でたしか20勝近くしたと思うが、そのほとんどが園川の勝利によるものである。1戦目完投、2戦目も途中からリリーフで登板してチームを勝利に導くという、まさに大車輪の活躍だった。園川なくして、この年の春夏連覇は成し遂げられなかったのは間違いない。

有名な話だが、当時の日体大野球部には1学年に100人ほどの部員がいた。だから、先輩の名前を覚えるのに必死で、同学年では顔と名前が一致しない選手もたくさんいた。下級生ともなると会話すらしたことのない選手がほとんどで、正直に言えば覚えていない選手のほうが多い。

400人を超える部員がいたので、個人が技術を伸ばすためには、全体練習よりも自主練習をいかに意味のあるものにしていくかがカギを握っていた。自分には何が足りず、何をしなければならないのか。自分で考えて、自発的に動ける人間でなければ、ベンチ入りなど到底できない環境である。しかし、この環境が野球人としての私を一回りも、二回りも成長させてくれたように思う。

先述した先輩の岡田さんは、当時からとても研究熱心な人だった。自分のバッティングシーンをビデオに撮り、何度も何度もそのビデオを見ながら修正ポイントを見つけようとしていた。

余談だが当時、寮の部屋にテレビを置くのは禁止されていたのだが、岡田さんのベッドの脇には小型のテレビが据えられていた。そのときは「これはキャプテンだけに与えられた特権なんだな」と思っていた。だが翌年、私がキャプテンになったとき、自室にテレビを置くことはできなかった。そこで初めて、岡田さんがテレビを置くことができたのは、キャプテンの特権ではなく岡田さんの特権だったのだと知った。

岡田さんは当時のビデオをいまでも大切に保管されているようで、何年か前に「修身、お前の初打席、初ヒットの映像があったぞ」と電話をくれて、その後そのビデオをDVDに焼いて送ってくれた。岡田さんが率いる東洋大姫路とは、まだ練習試合をしたことがないので、機会があればぜひ一戦お手合わせ願いたいと思っている。

2018年に智辯和歌山の監督を勇退された髙嶋仁さんを筆頭に、高校野球界の指導者には日体大のOBがたくさんいる。四国では先述した徳島商の森影と、川之江（愛媛）の菅哲也監督は後輩に当たり、池田（徳島）の井上力監督も6つ年下だから大学時代に被っているわけではないのだが、よく練習試合をしてもらう（井上監督も大学時代はキャプテンだった)。

高校野球に携わる指導者を出身大学別に分けたとき、たぶん日体大出身の指導者数はナンバー1だと思う。それくらい、全国の隅々まで日体大OBがいて、そのネットワークに私もずいぶんと助けられてきた。この場を借りて、日体大OBの方々には御礼を申し上げたい。

大学卒業後、高知市の公立中学教員に

大学時代は「高知に戻って教員になろう」と思っていたが、「いずれは母校(高知商)の監督になりたい」という考えなどは一切なかった。大学4年のとき、高知の公立高校の採用試験を受けたが、学校数が少ないこともあって不合格だった。とはいえ、高知に戻ってふらふらしていてもしょうがない。まずは仕事を手にすべく、私は高校よりも校数の多い市立中学で教員になる道を選んだ。

大学を卒業して高知市に戻り、1年間は市内の中学を転々としながら非常勤講師を務

めた。そしてその翌年、正式に教員として採用となり、私は青柳中に赴任することになった。私が青柳中への着任を命じられたのは、当時あまり強くなかった野球部の再建を託されたという意味合いもあった。青柳中は生徒数も少なく、市内では小規模な部類に入る学校だった。私は新任だったが、体育教員および野球部の監督だけでなく担任も任された。

当時は、恩師である田島先生が城北中で監督をされていた。田島先生は私のことをとても気にかけてくださり、よく電話がかかってきたものだ。私はそのたびに、田島先生に指導者としてのノウハウを教わった。

青柳中では5年間野球部で指導を行い、県大会のベスト4まで進むことができた。この青柳中時代に、私は中学野球の何たるかを学んだように思う。

次に異動となったのは、田島先生がおられた城北中だった。当時の校長先生から招かれて、結果として城北中には8年間務めた。藤川球児に指導したのも、城北中である。赴任初年度は3年生が12人ほどいたが、私のハードな練習に耐えられず、すぐにその半分が野球部を去っていった。しかし、残った6人の「勝ちたい」という意志は本物だった。彼らは、県大会でベスト4の好成績を収めてくれた。

8年間在籍した城北中での最高成績は、県大会準優勝（2回）である。そのうちの1回は、球児がいたときに記録した。もう1回は、球児の3つ上の代にすばらしいエースがいて、このときも県大会の決勝まで上り詰めることができた。やはり中学、高校を問わず、公立校が私立の強豪に太刀打ちするには、「いいピッチャー（エース）がいる」ことは最低条件なのだ。

ちなみに現在、高知商で野球部の部長を務めている藤田大悟は、私が城北中にいたときの教え子である（球児の3つ下）。彼が中学2年のときに、チームは市内大会で優勝した。その後出場した四国の新人野球大会でも、彼らは優勝を果たしている。

29年間に及んだ中学教員生活

城北中の後、私は一宮《いっく》中に異動するが、この学校には11年間勤めた。私が10年以上、同じ中学に在籍したのは一宮中だけである。一宮中は環境に恵まれており、野球部とサッカー部の試合を同時に行えるほど校庭が広かった。また部員も多く、各学年に12〜13

人はいたと記憶している。

一宮中時代も、県大会準優勝が最高成績だった。決勝でことごとく高知中にやられたのを覚えている。当時もいまも、高知中には県下の学童野球出身の優秀な選手が集まっていた。だから、私の教え子たちも「あのすごい選手のいる高知中だから、勝てっこない」と、戦う前から委縮してしまっているようなところがあった。

高知中との試合前には、「お前らだって力はある。自分を信じろ」といつも選手たちを鼓舞していたのだが、彼らの心の奥底にある野球での劣等感、あるいは「高知中アレルギー」のようなものを打ち消すことは難しく、悔しい敗戦が続いた。

でも、県大会の決勝戦ではなく、2～3回戦あたりで高知中と当たって一度だけ勝ったことがあった。そのときのエースは、中学に入ってから野球を始めた選手で、名前は「荒木大輔」といった。私も、その選手の名前を初めて見たときは驚いた。私の2つ下で、同世代の甲子園のヒーローだった荒木大輔投手と同姓同名である。メジャーリーグでも活躍した松坂大輔投手の「大輔」は、荒木投手が由来であるのは有名な話だ。

その荒木大輔に入学後、「お前、名前がいいからピッチャーやってみろ」とピッチャーをやらせてみたところ、なかなか筋がよく、3年生になるとエースになるまで成長してくれた。県大会で高知中に勝ったときは、選手たちも私も保護者も大喜びだった（私たちはその後、優勝した高岡中に敗戦）。一宮中には優秀な選手も多かったので、高知商にもかなりの数の生徒が進学した。

一宮中の後、私が異動となったのは、市の中心部を流れる鏡川のほとりにある西部中《せいぶ》だ。ここには5年間務めたが、結果的には私の最後の中学赴任先となった。当時の西部中は、1年ごとに野球部の顧問が代わるような状況にあり、安定した強さを発揮できていなかった。私はその立て直しを期待されて、着任を命じられたのだ。

野球部を強くするには、何よりも選手集めが肝心である。そこで、私は西部中の地元の学童野球2チームの監督さんとお会いし、「私がしっかり面倒を見るので、選手を西部中に進学させてください」とお願いした。すると、その3年後（当時の小学6年生が中学3年生となったとき）、なんと高知県総体で優勝するという最高の結果を残してくれたのである。

私が中学野球に携わっていたあの頃もいまも、高知の中学野球を牽引しているのは高知中と明徳中である。いまでも両チームはたびたび全国大会に出場して、すばらしい成績を収めている。

いま、明石商で監督をしている狭間善徳監督は、私の日体大時代の後輩（4年のときの1年）で、かつては明徳中の監督を務めていた。彼が明徳中の監督だった頃は、先輩後輩の縁で練習試合をよくしてもらったものだ。

西部中5年目の2014年、私は51歳だった。中学教員となって29年。このときまで、私は中学の指導者を定年まで全うするつもりでいた。

34年ぶりに指導者として母校に復帰
——高校野球は9イニングあるので気分的に楽

中学教員として、そして中学野球の指導者として骨を埋めるつもりだった私は、高校野球の監督をやる気持ちなど微塵もなかった。西部中の校長先生からは「あなた、これから先はどうするの？」と聞かれ、「ずっと野球をやりますよ」と答えると、「それじゃいけません」と叱られた。校長先生は「管理職の試験を受けて、教頭、校長になりなさい」と言うのだ。でも、私は野球をやるために教師になったので、校長先生からの助言はありがたかったが、その通りにするつもりはなかった。

2014年になって、高知商OB会の先輩から「母校に指導者として戻ってくる気はないか」というお話をいただいた。突然の話だったので、私も戸惑った。そして、その場では「ちょっと考えさせてください」と即答は避けた。だが、その後いろいろと考える中で、「必要とされるならやってみようか」という気持ちが大きくなっていった。

その後、高知商から話があったことを西部中の校長先生にお伝えした。「何を言っているんですか。管理職を目指しなさい」とまたお叱りを受けるかと思いきや、校長先生は「それはあなた、行ったほうがいい。行きなさい！」とまさかの賛同発言。校長先生から背中を押していただいたこともあり、私は母校への復帰を決めた。

2015年初頭、高知市教育委員会から正式に話があり、4月から高知商に赴任することが決定した。新学期となり、母校に復帰した当初の私の野球部での肩書は副部長だった。監督を務めていたのは、私が高校1年生のときの3年生であり、夏の甲子園の決勝でPLと戦ったときの副キャプテンだった正木陽さんだ。その年、正木さんが7月末まで監督を務め、その後を受ける形で私が新チームの監督に就任した。以降、正木さんは日本高野連の常務理事および技術・振興委員会委員長を務めると同時に、2023年12月には甲子園塾3代目塾長に就任することが発表された。

よく「軟式の中学野球から硬式の高校野球に移って、戸惑ったのではないですか?」と聞かれる。だが、私はそれほど迷うことも困ることもなく、高校野球の指導に順応することができた。

大学を卒業して高知に戻ってきたばかりの頃、私は一般のチームに入って草野球をしていた時期があった。そのときは硬式と軟式のボールの違いに戸惑い、最初はまったく打てなかった。私がボールを打つと、すべてボールを切るようなバッティングになってしまう。ほとんどがボールをこするようなスイングだったため、ファウルチップになった後、ボールの焦げた臭いがよくしたものだ。

だが、草野球を続けるうちに、軟式ボールを打つコツがつかめてきた。ボールをバットに乗せるような感覚で打つと、軟式ボールはよく飛んだ。また、ちょっと詰まったくらいのほうが飛距離の出ることにも気がついた。私はそんな経験をもとに、中学野球で打撃の指導をしていた(いまはバットが進化して高反発系バットが主流となっているので、昔とはまたちょっと違うが)。

守備は軟式のほうがボールは跳ねるので、硬式よりも対応が難しい。バントも軟式のほうがボールの勢いを殺しにくい分、難しいと思う。

野球の本質自体は、硬式も軟式もそれほど変わらないと私は考えている。ただ、高校に来て一番感じたのは、「9イニングあると余裕を持って野球ができるな」ということだった。

中学野球は7イニング制なので、試合はあっという間だ。序盤に点を取られると「これはヤバい」となる。しかし、高校野球は9イニング制で2イニング多い。しかも、終盤の8回、9回は流れが一気に変わったりする「動くイニング」でもある。前半に点を取られたとしても、9イニングだと後半勝負に持ち込めるので、気持ち的にとても楽に感じたものだ。

部長と二人三脚で部の雰囲気を変えることからスタート
――明るく、楽しく取り組む

監督就任後、2017年からは、梶原大輔部長と二人三脚で野球部の運営を始めた。実は梶原部長も中学教員の経験があり、私が一宮中で指導していたとき、梶原部長は隣の愛宕《あたご》中の野球部監督だった。愛宕中はグラウンドが狭く、ほかの部活と併用だったたため、うちとよく合同練習をしていた。梶原部長は私よりも10歳ほど若いが、互いに気心の知れ合った仲である。

２０１７年に梶原部長が高知商に戻ってくると、ふたりで「甲子園に行くためにはどうしたらいいか」「何をすべきか」を考え、試行錯誤しながら指導をするようになった。私たちは、まず部の雰囲気を変えることから着手した。それまでのチームは、ノック中にしてもどこか悲壮感が漂い、選手たちが野球を楽しんでいるようには見えなかった。それを梶原部長は「明るく、楽しく」をモットーに、部の雰囲気を変えていってくれた。

２０１８年の甲子園に行ったときのキャプテンだった山中大河が、「部の雰囲気が変わるだけで、チームってこんなに強くなるんですね」とポロッと私に言ったことがある。やはり、上から押しつけるような指導では、選手たちも「やらされている」という感じで暗くなってしまう。しかし、梶原部長が何事も「明るく、楽しく取り組む」というやり方を持ち込んだことで、選手たちが自主的に動くようになっていった。

また、２０１８年5月中旬頃、「予祝トレーニング」で知られる大嶋啓介さんが本校に来てくださり、野球部の選手たちに講習をしてくれた。梶原部長に「大嶋さんという方が来てくれそうだが」という話をしたところ、「それはぜひお願いしましょう」となってお招きしたのだ。大嶋さんは居酒屋「てっぺん」の創業者であり、てっぺんの「本気の朝礼」などがテレビや雑誌で取り上げられて脚光を浴びるようになり、自著も出版されていた。

選手たちと一緒に私も大嶋さんの話を聞き、「場の雰囲気をよくしなければ、絶対に力は出ない」「マイナスなことは絶対に言わない」「ポジティブシンキングが大切」といったことがとてもよく伝わってきた。

「予祝」とは〝予め祝う〟と書く。簡単に言えば「前祝い」という意味で、決勝戦の前に「甲子園出場おめでとう！」などと声がけをして盛り上がり、気分をよくすることでさらなる力を引き出そうというのが狙いである。

大嶋さんの講習を聞いた後、選手たちはより明るく、そして思考が前向きになった。とにかく、すべてをポジティブに考える。選手同士で「お前のここがよかったよ」とその後に起こることを想定して、試合前に声をかけ合うようにもなった。

この講習をきっかけに、チームの流れがさらによくなっていった。このよい流れが、甲子園出場に一役買ってくれたのは間違いない。だからいまでも、私は試合の前に「ちょっとしんどい試合だったけど、よく勝ったな」などと選手たちに話したりすることがある。

だが一方で、選手たちには「お互いに厳しいことも指摘し合っていいよ」とも言っている。その代わり、厳しいことを指摘したら「その倍の褒めることも言おう」と付け加えながら。だが私自身、気がつくと怒ってばかりになっているようなときもあるので、「それではいかん」と自分を戒め、厳しい指摘だけでは終わらないように気をつけている。

２０２０年より梶原部長の後任として部長に就任したのが、先述した城北中時代の教え子の藤田である。「明るく、楽しく」はそのままに、いまは藤田部長と副部長である岡村英人先生とともに、チーム作りに励んでいるところである。

第3章

古豪復活ののろし

上田流指導論

できる限り、地元の子どもたちで勝負！
――寮名の由来と校是に則って

本校の校歌は1番から4番まであるのだが、その1番はこういった歌詞である。

鵬程万里　果てもなき
太平洋の　岸の辺に
建依別の　ますら男は
海の愛児と　生まれたり

わかりやすく解釈すれば、「鵬《おおとり》の飛ぶ道程のように、一万里も果てなく広がっている太平洋の岸辺のこの地に、土佐の雄々しい男である我々は海の愛児として生まれた」となる。野球部の寮の名はこの校歌が由来となっており、「鵬程《ほうてい》寮」と名付けられている。

ちなみに、学校設立の根本精神を端的な言葉で表すとされる校是は、「報本反始《ほうほんはんし》」である(写真下)。この言葉は、中国の書物『礼記』から引用されたもので「本に報いて始めに返る」。要約すれば、「自分がいまあるのは誰のおかげかを考えなさい。常にその謙虚さを忘れてはいけません」という意味を表す。野球部でも、この考え方はずっと大切にしている。

私が高校生だった頃の寮は別の場所にあり、野球部だけでなくほかの部活の生徒も一緒に寮で暮らしていた。いまの「鵬程寮」は、野球部専用である。2024年1月現在、部員は1年生18人、2年生21人の計39人。そのうち寮生は11人となっており、県外から来ている選手はひとり(2年生)だけだ。

校門の横にある石碑にも校是「報本反始」が記されている

高知で生まれ育った私には、できる限り地元の子どもたちで勝負したいという思いがある。２０１８年に甲子園に出場したチームには、県外から来た選手がレギュラーに３人いた。いずれも、学校のスポーツ科の枠で入学してきた選手たちだった。しかし、やはり本校は県内でも歴史が古く、高知市立ということで市民からの人気も高いチームである。スポーツ科の枠は限られているとはいえ、県内の子にできるだけ多く入ってほしいといつも思っている。

私は現役時代、高知商で甲子園を経験するなど、本当にいい思いをさせていただいた。大学卒業後、故郷に戻って指導者となったのは、その恩返しと「野球のすばらしさ」を地元の子どもたちに伝えるのが私の役目だと考えたからである。高知の子どもたちと甲子園に行き、地元を盛り上げたい。地元の野球少年たちにとって「近所のお兄ちゃんが甲子園に行った」となれば、それが刺激や励みとなって競技人口もきっと増えていくはずだ。その願いは、ずっと私の心にある。

「守り勝つ野球」が攻撃のいいリズムも作る

高校時代、私は谷脇監督から「野球はとにかく守り。その中でもピッチャー。勝敗の80％はピッチャーで決まる」と叩き込まれた。私も高知市内で中学野球の指導者を長く続け、「守れないと勝てない」ことを嫌というほど経験した。明徳中、高知中といった強豪に勝つには、四球を出したり、エラーをしたりしていたら絶対に勝てない。

高校時代の練習はバッティングと守備は半々の割合だったが、どちらをするにしてもシートバッティングのような「実戦重視」の練習が多かった。

いま、私が高知商で教えている野球も「守り勝つ野球」がベースである。しかし、甲子園に出場する（明徳に勝って高知県を制する）、あるいは甲子園で勝ち上がっていくためには、守備にプラスして「打力」も必要となる。つまり「守り打ち勝つ野球」だ。それが結果として表れたのが、2018年のチームだった。後で詳しく述べるが、2018年のチームは打力向上のためにいろんなトレーニングを取り入れ、それが結果的に功を奏した。

私は選手たちに「負けない野球をしよう」とよく言う。失点しなければ、少なくとも負けることはない。負けないために守る。その上で、勝つにはバッティングも必要となる。ただ、バッティングは相手があってのことなので、こちらの思う通りに得点することはなかなか難しい。しかし、自分が主体となる「守り」は計算が立てやすい。だからこそ、「守り」をしっかりやっていくことが大切なのだ。

私が高校現役だったときのチームは、最初から打力があったわけではなく、新チームとなってから日増しに打てるようになっていった。新チームになったばかりの頃は、谷脇監督から「2点打線」とよく言われたものだ。それでも勝てていたのは、中西がよかったからである。

でも、私たち野手も、中西のピッチングのリズムのよさに乗せられて、だんだん打てるようになっていった。先述した通り、谷脇監督も「守りが安心できるから、俺も打つほうの采配に集中できた」と後日おっしゃっていた。

うちに限らず、試合で負けるときというのは、総じて守備の時間が長い。失点しなかったとしても、守備の時間が長いために攻撃時のリズムも悪くなる。よくあるのは、

「2アウトを取ってからの四球」や「ほとんどのバッターをフルカウントにしてしまう」というパターンだ。

私の経験からいっても、2アウト・ランナーなしの状況から四球やエラーで出塁を許すと、それは得点につながりやすい。ピッチングをメインとした守備のリズムがよくなれば、攻撃時の得点力は増し、守備のリズムが悪ければ得点力は下がる。チーム作りをしていく上で、この基本は決して忘れてはならない。

「明徳アレルギー」を払拭するために

2015年8月の監督就任直後の秋の大会で、私たちは決勝まで進むことができた。大会前の感覚では、まさか決勝まで行けるとは思ってもいなかったが、準々決勝で高知に競り勝てたのが大きかった。

高知のエースは、学童野球の頃から有名なピッチャーだった。キャッチャーもとてもいい選手だったので、あのバッテリーを擁する高知によく勝てたなといまでも思う。このときのうちのキャッチャー・國澤拓矢は、西部中時代に私が指導していた教え子である。中学時代は県の選抜メンバーにも選ばれた逸材で、高知からも誘いがあったようだが、高知商に進学してくれた。

國澤の代は高知商に新設されたスポーツ科の2期生で、県外からもいい選手が集まっていた。さらに、中学時代の県の選抜メンバーも「國澤と同じチームでプレーしたい」と何人かが入部していた。高知商に赴任したばかりの頃は、チーム全体に「明徳には勝てっこない」という、アレルギーにも似た負のオーラが漂っているように感じた。だが、秋の新チームとなってからは、選手たちにその負のオーラをあまり感じず、さらに高知に勝ったことでチームの雰囲気はとてもよかった。

準決勝の高知工戦で私たちは8－1の大勝を収め、決勝戦で宿敵である明徳と戦うことになった。このときの明徳には勝負強いバッターが何人かおり、2回にホームランなどでいきなり4失点。攻撃においても相手エースの中野恭聖を攻略できず、結局1－4で敗れた。この敗戦がきっかけとなったわけではないだろうが、私たちはその後2018年夏の決勝で勝利するまで、明徳に負け続けることになる。

県大会でベスト4までは勝ち上がるのだが、その後なぜか明徳には勝てない。明徳戦での敗戦が続き、選手たちは自信を失っているように見えた。明徳のユニフォームを目の前にして、どこか委縮してしまっている。私自身は明徳にも、馬淵監督にも苦手意識はまったくなかった。だから、選手たちには「お前たちの力を出し切れば勝てる。明徳だから、馬淵監督だから、というのは関係ない」と言い続けた。

明徳アレルギーを克服するには、どうしたらいいのだろう？

いろいろと対策を考え、第1章でお話ししたように、私が現役時代に明徳に勝利した試合のビデオなどを見せて、選手に自信を持ってもらうように努めた。

2018年夏の決勝で明徳に勝ち、私たちは甲子園出場を決めた。以来、2018年以前にあった明徳アレルギーのようなものを選手たちから感じることはなく、逆に明徳戦になると「やってやる！」と、チーム全体に闘志がみなぎっているのが伝わってくる。

ただ、そうはいっても、いまだ明徳に力及ばずで負けることは多い。実際に戦わないと、明徳の強さはわからない。高知県を制するには、明徳は避けて通れない道なのだ。

夏と秋、それぞれの大会の違いと戦い方

本書で何度か述べてきたが、2018年夏の甲子園出場は、現在の県二強である明徳、高知を直接対決で破って実現したものだ。同年春のセンバツには明徳、高知ともに出場していたので、その二強を倒しての祝杯の味はまた格別だった。

谷脇監督は私の現役時代、「最後の夏は甲子園で終わらんと意味がない。春にいくら甲子園に出ても夏に出なければ意味がない」と言っていた。谷脇監督ご自身が、高校2年の夏に甲子園に出場したものの、3年最後の夏は甲子園を逃している。谷脇監督は、きっとその悔しさをずっと抱えていたのだ。だから、教え子である私たちにそんな思いはさせたくないと、何度も何度も私たちに「最後の夏は甲子園で終わらんと意味がない」と伝えてくれたのだと思う。

現状の高校野球界を大まかに分類すれば、私学は人材が豊富なため秋の新チームからそれなりの結果が出せる。逆にそれほど人材が豊富でない公立は、選手を地道に鍛え上

げていかなければならないため、新チームが立ち上がってすぐの秋の大会にはチーム作りが間に合わない。だから公立は、必然的に夏の大会勝負となる。

だが、うちは公立でありながら人材は揃っているほうなので、当然秋も上位進出を狙っていかなければならないと思っている。夏にレギュラーとして2年生が多く出ていたときは、新チームになってからもある程度強い。そういうときこそ、「最低でも四国大会出場」を掲げ、試合をしていく中で選手たちを鍛えていく。

夏は3年生たちにとって最後の大会であり、力関係はもちろんあるが「何が起こるかわからない」という意味でも特別な大会である。夏の大会は負ければ終わりの一発勝負。流れや運などの「目に見えないもの」も勝敗に大きく影響する。

高知県の夏の大会は、参加校数が30校程度と少ないこともあって、全日程が10日間ほどで終了する。期間が短いので、勢いに乗ったチームが普段以上の力を発揮することがたびたびある。準決勝で、延長11回タイブレークの末に明徳を2－1で破って勢いに乗り、決勝の高知戦も4－3の僅差で制して甲子園出場を果たした2023年夏の覇者、高知中央がまさにそんな感じだった。

夏と違い、秋の大会は試合の開催が毎週末となるため、1カ月ほどの期間がかかる。

1週間ごとの開催なので、強豪校を倒したとしても次の試合までの間に勢いが止まってしまうこともある。

2023年秋の大会で、私たちは四国大会準々決勝で鳴門に敗れた。いまは、2024年夏の甲子園出場を果たすべく練習に励んでいるが、夏の大会は先述したように何が起こるかわからないだけに、何度戦っても慣れることはない。選手たちとともに、次の夏も全力を尽くすだけである。

強力打線のカギは「大きく、強く、柔らかく」

2018年夏の甲子園に出場したチームは、二桁得点を多く記録するなど、打線の得点力がそれまで以上に増大した。マスコミからは「強打の高知商」と評され、現在でもそのようなイメージを持たれている高校野球ファンの方も多いだろう。

練習試合をした際にも「どうやったら打てる打線を作れるんですか?」と相手の監督さんから聞かれたりすることも多い。2022年秋の大会で、私たちは高知中央に0-

7の7回コールドで敗れたのだが、そのときには地元の新聞の見出しに「力負け」と打ち出され、戦評には「強力打線を復活させてほしい」と書かれていた。やはり、いまでもみなさんのイメージには、「強打の高知商」が残っているようである。

当時の梶原部長と勝てるチーム作りをしていく中で、「守り勝つ野球」に「打ち勝つ野球」もプラスした「守り打ち勝つ野球」でなければ、高知県を勝ち上がって甲子園に辿り着くことはできないと結論づけた。

打力強化の具体的な方法は第4章で述べるとして、私たちは強力打線を作り上げるカギは「体作り」にあると考え、「大きく、強く、柔らかく」をテーマに、技術よりも体作りに重点を置いてメニューを考案していった。

「大きく、強く、柔らかく」

これをもっと具体的に示すとすれば、

「食べる、トレーニング、ストレッチ」

となる。

体を大きくするには、3食をバランスよく、なおかつタンパク質もしっかり摂取していく必要がある。そして、ウエイトなどのトレーニングでパワーをつけて体を強くしていくのだ。
一番肝心なのは、最後の「柔らかく」である。肉体改造によって大きく、強くなった体は柔軟性があってこそ生かされる。だから、私たちは練習後に念入りなストレッチを毎日行っている（ストレッチに関しては次項で詳述）。

寮生たちの食事は、寮でともに暮らす私が管理している（食事自体は外部の業者に発注しており、しっかり食べているかどうかを私がチェック）。自宅から通う選手たちの食事は、基本的にはそれぞれのご家庭にお任せしている。ただ、近年は4月に入部してきた1年生とその保護者に集まってもらい、「どういった食事がいいのか」という食育を学んでもらう機会も設けている。

食育にも力を入れ始めた頃、通いの選手より寮生のほうが体は大きくなりやすいことに気づいた。理由はシンプルなもので、「寮生は練習後すぐに夕食を食べるから」だとわかった。練習が終わり、体は栄養を欲している。練習終了の30分後までが、体を大きくする「ゴールデンタイム」である。だから、寮生には「ユニフォームのままでもいいから、すぐに食べろ」と指示を出していた。この差に気づいてからは、寮の業者さんにお願いしておにぎりの補食を練習中、練習後すぐに選手が食べられるよう準備してもらっている。

適当に練習している選手は、「レギュラーにならなくていいです」とアピールしているようなもの

前項でお話しした「体を強くするため」に、私は練習メニューの割合を変え、長い距離を走るようなランメニューは減らし、瞬発力を高める筋力トレーニングを増やした。トレーニング室（次ページ写真）でのウエイトトレーニングは、冬のオフシーズンにはチーム全体で取り組むものの、シーズンに入ると強制はせず個人の裁量に任せている。だから、意識の高い選手はシーズン中でも朝早くトレーニング室に来て、黙々と筋トレに励んでいる。

ちなみに、選手たちがトレーニング室で行っているのは、バーベルメニューの「ビッグ3」といわれるベンチプレス、デッドリフト、スクワット。さらに器具を使ったディッピング（マシンに任せて肘を上下することで肩甲骨・鎖骨の動きを引き出す）、マルチスロー（胸椎・肋骨・肩甲骨の動きを引き出す）といったごく一般的なメニューである。

ウエイトトレーニングは、その選手の取り組む姿勢がすぐに反映される。つまり、しっかり取り組んでいる選手は伸びていくが、いい加減な選手はあまり伸びない。適当なトレーニングでは、時間を無駄に浪費しているだけで、体重も増えなければ体も大きくならないのだ。

私はウエイトトレーニングのみならず、普段の練習でもいい加減な姿勢を見せる選手には「いいか。お前の取り組み方は『監督、ぼくはレギュラーとして使ってもらわなくていいです』ってアピールしているのと同じだからな」と言う。

これは、興南（沖縄）の我喜屋優監督の著作の中にあったもので、早速使わせても

鵬程寮に隣接するトレーニング室

らった。我喜屋監督は、そのようないい加減な姿勢の選手には「わかった。俺はお前の期待に応えて試合で使わない。だから俺を恨むなよ」と伝えているようである。

前項で述べた「大きく、強く、柔らかく」の、最後の「柔らかく」を実現するためのストレッチに関してここでご説明したい。

うちでは毎日の練習後に、ストレッチを20分ほど行っている。練習が終わった後、内野グラウンドのベンチの前あたりにレジャーシートを敷き、ふたり一組になって念入りなストレッチを行う。新入生が入ってきたら上級生がそれを教え、私や部長が調べていいストレッチメニューが見つかれば、それも随時取り入れている。

冬は筋肉が硬くなりがちなので、シーズン中よりもさらにメニュー数を増やして時間をかけて行う。シーズン中でも、ハードなトレーニングで体に負荷が大きくかかったときは、いつも以上に念入りにストレッチすることも忘れない。

先日も、とあるトレーナーの方が「上田監督が子どもだった頃は、遊びの中で体を柔らかくすることをしていた。でも、いまの子どもたちはそういった遊び（水泳や木登り、相撲など）をしないので、普段の練習でストレッチを続けていくことが重要です」とおっしゃっていた。

現代の日本は西欧風の〝(椅子などに)座る〟文化が溶け込み、かつての〝(地べたなどに)しゃがむ〟文化が減ってしまった。トイレも和式はすっかり影を潜め、洋式が主流である。これはこれで時代の流れだからしょうがないのだが、その流れに乗ったままでは人間の体は硬くなっていく一方である(とくに股関節が)。

これからの時代、あらゆるスポーツに携わる指導者は、子どもたちの体を大きく、強くするだけでなく、「柔らかさ」も同時に教えていくことが大切だと思う。

ひとつのやり方に固執せず、新しいものを貪欲に取り入れていくのが指導者のあるべき姿

私が、29年間の中学野球指導で一番学んだのは「同じようなことをしていても、同じ結果しか出ない」ということである。

自分で「これがいい」と思って取り入れた練習でも、それが結果につながらないのであれば、すぐに見直して「いま、このチームには何が必要なのか?」と再考する。公立中学野球の指導者は、わりと自分の思った通りに部を運営していける。だから私はその

都度、試行錯誤しながらもっともふさわしいと思われる練習、指導法を考えてきた。

古いやり方に固執したり、伝統に囚われたりすることなく、その時々のチームの置かれた状況や選手たちの状態を把握しながら、目指すべき目標に向かって最善の道を模索していくのが指導者してあるべき姿なのだ。

しかし、伝統のある古い学校、とくに高校野球で「強豪」「古豪」と称されるような学校はいろいろな縛りがあるため、監督の自由にやっていくというのが難しい。幸いにも我が高知商は学校側から、あるいはＯＢ会からの縛りもないため、私の自由にやらせていただいている。これは高知商のように歴史の古い学校では、非常に珍しいパターンであると思う。

私が高知商の監督に就任して以降、先に述べた「予祝トレーニング」の大嶋さんのほか、トレーナーやベースボールコンサルタントの方々など、機会があればいろんな方をグラウンドにお招きして教えを請うてきた。中には、私たちがいままでやってきた指導とは正反対に近い考えを、教えられたこともある。でも、私はそれを「私たちのやり方とは違う」と拒絶はせず、まずは一度受け入れ、試してみてから最終的に判断を下すようにしてきた。

何事も、まずは一度受け入れてみる。指導者がそのような柔軟な思考を持っていなければ、教わっている選手たちがかわいそうである。だから私自身も本を読んだり、ネットで気になることをチェックしたりしながら、自分の中の情報を常にアップデートするようにしている。

中学野球時代も含めると、私の指導者人生は40年を迎えようとしている。しかし、いままで一度たりとも監督として自信を持てたことはない。私の心の中には、自信よりも不安のほうがいつも圧倒的に大きい。

どの監督さんもそうだと思うが、監督は試合に臨む際にはいつも最悪の事態を想定する。私自身、「よっしゃ、今日はいける！」などと自信を持って試合に入ったことは一度もない。かつての北代真二郎のような、安定して力を発揮してくれるエースピッチャーがいるときは、「あのチームとやったら、このくらいの試合になるかな」とある程度は試合の計算ができた。だが、試合は蓋を開けてみなければ、どうなるかわからない。だからいいピッチャーがいたとしても、それが「今日は勝てる」という自信につながることはない。

私が「監督として自信はない」などと言うと、それを「油断してはいけないという戒めでしょう」と解釈される方もおられるだろう。でも私は、決して自分を戒めるために言っているわけではなく、心の底から純粋にそう思っている。

どんなにチーム状況がいいときであっても、私に油断などしている余裕はない。どんなチームとやるときでも、誰が見ても「高知商が絶対に勝つ」というチームであっても、試合前は「最悪のパターン」をイメージしてしまうので、不安のほうが先に来る。だからこそ、いろんな準備をしてから試合に臨むし、現場では先に述べたような前向きな言葉をかけるようにしているのだ。

誰もができることを一生懸命やっているか？

第2章で述べたように高校時代、私は谷脇監督から「当たり前のことを当たり前のようにやれ」と教えられた。誰にもできないことを誰にもできないくらいやるのではなく、「誰にでもできることこそ、全力で取り組みなさい」ということだ。だから、私は「声と全力疾走」だけは怠らなかった。

谷脇監督が「当たり前のことを当たり前のようにやれ」と言うようになったのには、理由がある。あの頃、うちは土佐によく負けていた。土佐は進学校で、部員も3学年合わせて20人いるか、いないか。逆にうちはたくさんの部員がおり、体つきも土佐の選手を大きく上回っていた。戦力を比較すれば絶対に負けるわけがないのに、大会では土佐に負けることがあった。

なぜ、私たちが負けるはずのない土佐に負けていたのか？

谷脇監督から言われたのは、「土佐は当たり前のことを当たり前にやっている。お前たちにはそれがない」ということだった。試合中の土佐の全力疾走は、高知県内だけでなく全国的にも有名だ。バッターランナーが一塁を全力疾走で駆け抜けるのはもちろん、攻守交代時の全力疾走も9人全員が本気でやっている。

土佐はすべてのことを全力でやっているから、持てる能力以上のものを試合で出す。逆にうちは能力があっても、いろんなところに抜かりがあるから肝心なところで自分たちの力を発揮できない。谷脇監督から「土佐は6しか力がなくても、8の力を出す。お前らは10あるのに7の力しか出さないから負ける。その理由を考えろ」と言われたことを、いまでもよく思い出す。

誰もができることを、一生懸命できるかどうか？

本番で力を出すには、普段からそれを実践しているかが問われるのである。だから私もいま、谷脇監督から言われたように、選手たちには「当たり前のことを当たり前にやれるようになりなさい」と言っている。それは野球だけでなく、普段の生活でも同じだ。誰に対しても変わりなく挨拶をする、返事をする、感謝を示す。そういう当たり前のことを抜かりなくやっていくことで、本番でも力を発揮できるようになるのだ。

また、私たちは谷脇監督から「お前ら人間やからな。犬とか猫になるなよ」とよく言われた。犬や猫は、ゴミが落ちていたら避けて通る。でも、お前たちは人間なのだから、ゴミが落ちていたら拾いなさい。そういう人になりなさい、というわけだ。

私も谷脇監督の教えを受けて、いまの選手に言う。「このゴミに気づかんか？　この汚れに気づかんか？」と。そして、その後に「目と脳をつなげておきなさい」とも言う。見たことを脳で気づけば、その気づきを行動に移すことができる。野球は気づきの多いほうが勝つスポーツだ。気づきのないチームが常勝軍団となるのはあり得ない。だから「目と脳をつなげておきなさい」と口酸っぱく言い続けているのだ。

うちの野球部には「練習開始時にグラウンドにボールが落ちていたら、1個につき全員でダッシュ10本」というペナルティがある。これも「目と脳をつなげておく」という感覚を根づかせるためにやっていることである。

環境が整うと、心が整う
——すべての土台は「心」である

スポーツの世界では、「心技体」という言葉がよく使われる。心と技と体、この3つが揃っていないと最大の力は発揮できないという意味だが、これを私なりにわかりやすく解釈すると次ページの図のようになる。

私が「心技体」の重要性を選手たちに解説するときは、この図を黒板などに書いて話をするようにしている。

一番下の土台となる部分には「心」が入る。その上に「体」。しっかりした心＝精神＝考え方がないと、体を大きくすることも、力をつけることもできない。「心」と「体」ができている人間には、技術は後からついてくる。だから、私の考えでは「技」が一番上に来る。要するに、普段の生活も練習も、分け隔てなくしっかり取り組む姿勢を保っていなければ、「心」は育まれない。「野球がうまくなりたい」と思っているだけでは、「体」も「技」も身につきはしないのだ。

私が高知商に赴任したとき、校長先生が全校集会でよく生徒たちに次の言葉を投げかけていた。

「時を守る、礼を尽くす、場を清める」

時を守るとは時間を守ることであり、礼を尽くすとは挨拶、言葉づかいをしっかりすることであり、場を清めるとはその言葉の通り、身の回りを掃除、整理整頓によってきれいにするということである。私はこの校長先生の言葉にヒントをもらい、選手たちには「時間（を守る）、挨拶、整理整頓」が大切だといつも話している。

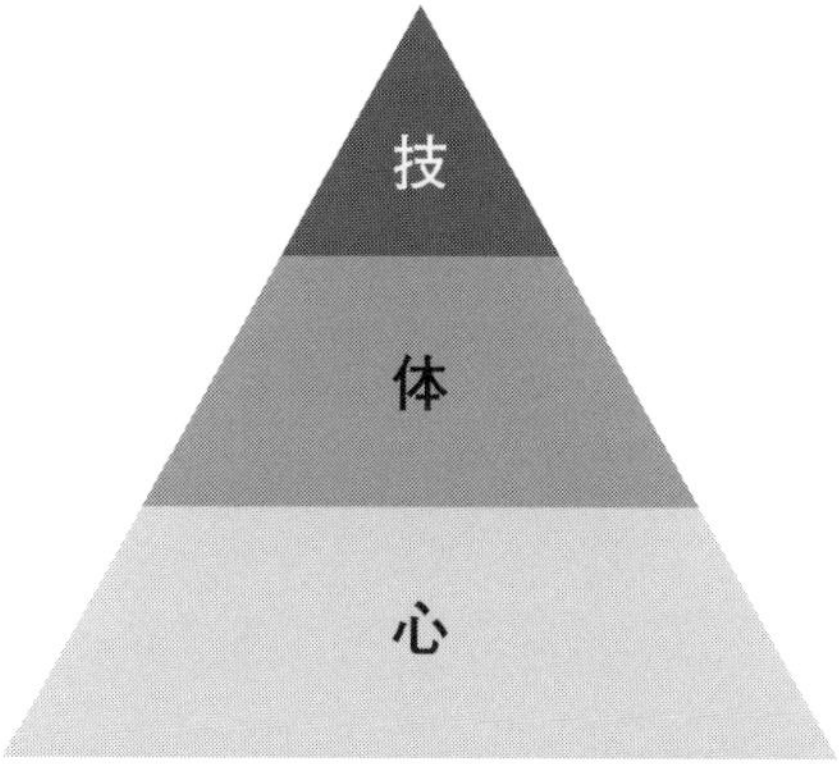

2018年の甲子園出場チームのエースだった北代は、1〜2年生の頃は寮の自室がゴミ屋敷のようだった。しかし、2年の後半あたりからだんだん部屋の整理整頓をするようになり、3年の夏が近づいてきたときには、部屋の中は見違えるようにきれいになっていた。

本書でお話ししたように、北代のがんばりがあって、私たちは2018年夏の甲子園に出場することができた。いま振り返れば、彼の部屋がきれいになっていくのに比例して、そのピッチングもよくなっていったように思う。環境が整うと、人は心も整っていくのだ。寮生の部屋を見比べると、なぜかピッチャーをしている選手の部屋は汚い場合が多い。だから私は、そんな選手がいると北代の話をして聞かせる。

また、選手たちには「部屋をきれいにしたからといって、絶対に勝てるわけではない。でも、やらなければ勝つ可能性はゼロだよ」とも言う。努力したからといって、それが必ず報われるわけではない。しかし、努力をしなかったら、目標を達成する可能性はゼロになる。これを知っていれば、自ずとやるべきことが見えてくるはずである。

時代が変わっても子どもの本質は変わらない
——長髪チームが増えているが私は丸坊主派

私たちの世代が高校生だった頃、スポーツ界はスパルタ全盛。当然のことながら、私も野球をしながら厳しく指導されてきた。しかし、令和となったいまの時代、指導者による暴力はご法度である。いまでも時折、暴力を振るった指導者による事件、事故がマスコミで取り上げられるが、私のような年配の指導者こそ、「どういった指導をしていくべきか」をもっと真剣に考えていかなければならないと思う。

学校の生徒たちを見ていて、昔といまとで「変わってきているな」と感じる部分もある。しかし、それを「野球部」に限ってみると、子どもの本質はあまり変わっていないように感じる。ただ、時代の変化によって、子どもを取り巻く環境が大きく変わっているのは間違いない。その環境の変化によって、本書で何度かお話しした「体が弱い」「体（関節）が硬い」といった肉体的な部分に、昔といまとで差が表れているような気がする。

子どもの体が硬くなったのは、小さい頃に外で遊んでいないからだと先にも述べたが、そもそも、子どもたちがのびのびと遊べる場所が減ってしまった。公園では「あれをしてはいけません」「これをしてはいけません」と禁止事項も多く、遊具も「危ないから」という理由で次々に撤去されている。子どもは、危ないことを経験して成長していく。危ないことを経験していない子どもは受け身も取れないし、痛さに対する耐性も身につかない。

生活環境の変化によって、いまはあぐらをかける子も減っているという。昔は当たり前だったあぐらや正座、さらには和式トイレなどを使わなくなったことによって、現代人の体（下半身、股関節）は硬くなっていく一方である。

時代の変化といえば、２０２３年夏の甲子園では、選手たちが長髪のチームが多かった。この流れは、この先さらに強まっていくのだろうが、私は逆に「なんで坊主頭ではダメなの？」と思ってしまう。

高校野球をする選手に関して言えば、私は丸坊主派である。長髪には違和感を覚える。指導者の指導法に関しては、時代に合わせて随時新しい考え方を取り入れ、変化させていかなければならないと思うが、こと丸坊主に関しては新しい考えにはなれない。うちの選手たちは、大会前になると寮のバリカンを使い、五厘刈りにして気合いを入れる。高校野球はそれでいいと私は思っているし、「丸坊主にしたくない」という中学生がいたとしたら、「丸坊主にできない人は高知商では無理ですよ」と言うだろう。

もちろん、丸坊主にすればそれでOKという話ではない。野球部に入ってきた新入生には、「高知商野球部は地元からも注目されている。それはみなさんの期待の表れでもあるから、通学中、授業中、練習中を問わず、普段の行動から己を律していくように」とまず注意する。高校野球ほど、世間から注目を集めているアマチュアスポーツはない。だからこそ、私たち高校野球に携わる人間は、プレー以外の部分でも自分を律していかなければならないのだ。

キャプテンはチームから嫌われるくらいがちょうどいい

自分がされて嫌なことを人にはしない。これは「人として」生きていく上で、当たり前のことである。普段の生活では、人の嫌がることをしてはいけない。

でも、野球では「自分がされたら嫌なこと」を常に考え、その嫌なことをプレーで表していくことが、勝ちを拾っていく上で重要となる。私の言う「相手の嫌がるプレー」とは、汚い野次を飛ばすことやサイン盗みをするということではなく、作戦、戦術で相手を嫌がらせるということだ。

例えば、「ここでセーフティーバントをされたら嫌だな」「ここで機動力を使われたら嫌だな」「ここでゴロを打たれたら嫌だな」といった場面で、それを実行する。相手の嫌がること＝得点につながりやすいことでもあるので、相手チームから「あのチームはこちらの嫌なことばかりいつもしてくる」と思われれば、ある意味勝ちだといっていい。

ピッチャーにもよく言うことがある。「2アウトでピッチャーのお前が打席に立つ。打てもしないのに、初球から打っていって内野フライでアウト。お前がピッチャーだったらどう思う？　『ラッキー』と思わないか？　だったら、相手ピッチャーに楽をさせてはいけない。初球から手を出さず、できるだけ球数を放らせることに努めなさい」と。

人の嫌がることとは何か？

それは相手の気持ちを考えていなければ、見えてはこない。いつも相手を思いやって生活していれば、人の嫌がることなど絶対にしなくなる。そしてその感覚は、野球をする上でも必ず生きてくる。野球は相手のことを考えて行う、気づきのスポーツなのだ。

また、キャプテンを務める選手には、「ほかの選手から嫌われるくらいにならないとダメだぞ」とも言う。キャプテンになる人間は「あいつ、うっとうしいな」とほかの選手に思われるくらい、周囲に目を配り、何かあれば注意し、叱咤激励できるタイプが向いている。しかし「あいつ、うるさいな」「うっとしいな」と思われても、選手たちがキャプテンについてきてくれるのは「信頼」があるからだ。つまり、キャプテンは「誰よりも信頼される人間」でなければならない。

まわりから信頼される人間になるには、どんなときも先頭に立って練習に取り組み、誰よりもしんどい思いをしていく必要がある。まわりには注意をするけれど、自分自身は練習を真面目にしていない。そんなキャプテンには誰もついてきてくれないし、信頼もしてもらえないのは当たり前の話だ。

ちなみに高知商では、引退する3年生たちに意見を聞き、最後に1・2年生に投票させて新チームのキャプテンを決める（最終的な判断は監督である私が下す）。例年、その様子を見ていると、3年生と1・2年生の意見はだいたい一致している。

2023年の夏が終わり、新チームのキャプテンとなったのは、2年生でただひとりレギュラー（正捕手）として夏の大会に出ていた市川蓮斗だった。３年生たちは一緒にプレーしていたこともあって、半分以上が「市川がいい」という考えだった。でも、市川は人間的にまだ甘い部分があり、「別の2年生がいいんじゃないか」という3年生もいた。

しかし、２０２4年を迎えたいま「立場が人を変える」ではないが、市川にはだいぶキャプテンらしい責任感が芽生えてきた。まだまだ弱い部分はたくさんあるが、人として確実にいい方向に変わってきている。やはりキャプテンはやらせてみないと、その先どうなるかは私にもわからない。市川のようにいい変化を見せてくれればいいが、信頼を集められず途中で代わるキャプテンもいる。中学指導者時代も含め、これぱかりはやらせてみないとわからないのが実状である。

エースの条件

高校現役時代のエースだった中西は、私が言うまでもなくすばらしいピッチャーだった。私が実際に見てきた中で最高の「エース中のエース」と言っていい。私は、自分が指導しているピッチャーに「勝てるピッチャーになってくれ」とよく言う。いけないことなのだろうが、私はピッチャーをどうしても中西と比べてしまう。「あんなエースになってくれ」という思いで「勝てるピッチャーになってくれ」と言ってしまうのだ。

中西ほどの大エースにはなれずとも、いいピッチャーになれる可能性は誰もが秘めている。いいピッチャー、勝てるピッチャーにはひとつの傾向がある。それは「味方が点を取ってくれた後のイニングをしっかり抑える」ということだ。

勝てないピッチャーは、それとは逆だと考えればいい。勝てないピッチャー、ダメなピッチャーは、味方が点を取ってくれた後に、フォアボールを出したり、甘い球を投げて痛打されたりする。そこで、私はうちのピッチャーには「点を取った後に抑えたら、流れがさらにうちに来る。だから、そのイニングの初球と、各打者への初球は気をつけろ」といつも言っている。

勝てないピッチャーが、なぜフォアボールや甘い球を投げてしまうのか？

私がいままで見てきた経験から言うと、重要な局面でも何の気なしに投げて、そうなってしまっているピッチャーが多いように思う。守っている選手たちも「おいおい、またかよ」と感じるから、そのようなピッチャーはチームからの信頼も得られない。ダメなピッチャーがこのような結果となるのは、メカニックな部分だけでなく、性格的な部分も大きく影響している。だから、このような症状を治すのは一筋縄ではいかないし、時間もかかる。

藤川球児が阪神タイガースで現役だった頃、会うとよく「先生、ぼくは3アウト目をしっかり取らないと給料もらえんのよ」と話していた。彼は中継ぎやストッパーで活躍していたので、このような発言となったのだろう。先頭打者には打たれてもいい。3アウト目に集中して、そこをしっかり抑える。それがプロなのだと。

だから私は球児の話も含め、選手たちには「練習では最初と最後をしっかりやろう」と話している。バッターなら一振り目とラストの一振り。ピッチャーなら最初の1球と3ストライク目の一球、3アウトを取る一球。そこをしっかり決めることで、試合でも勝負強いバッティングやピッチングができるようになるのである。

勝てるピッチャーといえども人間なので、気が抜けてしまうときもあるだろう。でも、勝てるピッチャーは「ここぞ」というときにギアが上がって、球児のようにしっかり抑える。味方がエラーをしても、自力で抑えてエラーのフォローをする。そういうピッチャーが、エースと呼ばれる存在になっていくのだと思う。

何度もお話ししてきたように、私たちが高校3年だった最後の夏の県大会決勝の相手は明徳だった。試合中盤、明徳の攻撃で1アウト一二塁となった。ここでうちはピックオフプレーをしたのだが、ファーストだった私が挟殺プレーでミスをして進塁を許すことになり、ランナー二三塁にしてしまった。

マウンドの中西に謝りに行くと、彼は「気にすんな。俺が抑えればええことやろ」と事もなげに言った。その後、中西は明徳打線を連続三振で抑えて無失点でしのいでくれた。私は、これがエースのあるべき姿だと思う。守っている野手たちから「こいつのために」と思ってもらえるのが、真のエースなのだ。

指導者のさじ加減
――「教えすぎ」は禁物

後輩の指導者から「選手に自信をつけさせるにはどうしたらいいのでしょうか?」と聞かれることがある。私の経験から言えるのは、「できないことができるようになれば、それが選手の自信になる」ということである。

選手は、自分の技術が上がればそれが自信になる。勉強も同じで、わからないことがわかるようになってくればそれが自信となり、「もっと勉強しよう」という意欲、向上心が高まるものだ。チーム全体での自信という面では、何よりも勝つことが自信につながる。うちで言えば明徳、高知、土佐、高知中央といった強豪に勝つことで、チームに自信が生まれてくる。強豪に負け続けていては、なかなか自信はつかないと思う。

選手に成長してもらいたい、自信をつけてもらいたいと思うあまり、「教えすぎ」になっている指導者をよく見かける。選手の成長を促す上で、何よりも重要となってくるのは指導者の教え方はもちろんであるが、「選手の自主性」である。自主的に選手が動くことなくして、選手の成長もなければ、自信を得ることもない。

私は選手に対して、「あーせい、こーせい」と押しつけるような指導は絶対にしないようにしている。何か言うにしても「俺はこう思うけど」「こうしたらどうだ?」と提案するだけにして、最終的な判断は選手に委ねる。

その代わり、選手が私に質問してきたことに関しては、丁寧に答えるようにしている。選手が私に質問してくるのは、お腹が減っている証拠だ。だから私は、そのお腹を満たすために、知り得る限りのことを教えてあげるようにしている。お腹の空いている選手は吸収も早いから、こちらも教えがいがある。先述したような「教えすぎ」の指導では、選手たちのお腹もなかなか減らないので、質問してくることも少ないだろう。だからこそ、「教えすぎ」は禁物なのだ。

指導者のさじ加減としては、「半分言って、半分黙る」くらいの感じだろうか。バッティングに関しても、私は「これだけはしてはいかん」という最低限の注意はするが、あとはわりとその選手の自由にさせている。選手ごとに骨格や体の動き、柔軟性なども違うので、その選手に合った助言をするようにも心がけている。バッティングの基本はあるが、だからといって全選手に画一的な指導をすることは決してない。

メンタル的な指導で言えば、高知商ではいわゆる「メンタルトレーニング」のようなものはとくにしていない。だが、スポーツ科では定期的にメンタルトレーナーの方が授業を行っており、私もそのときには生徒たちに交じって一緒に授業を受けている。

最近のメンタルの授業で一番印象的だったのは、「自分博士になりましょう」という教えである。試合で最高のパフォーマンスを発揮するためには、「自分をよく知る」ことが第一。だから「自分のトリセツ（取扱説明書）」を作って、「自分博士になりましょう」という内容だった。

自分はどういうときに緊張するのか？

どのようなミスをしやすいのか？

それを考えて、そうならないための準備をしておく。あるいは、ミスが起こった後の対処法も事前に考えておく。それが「自分のトリセツ」であり、このトリセツの内容が増えれば増えるほど、その選手はピンチの場面のみならず、トラブルやハプニングにも強くなるだろう。

この授業のことは、スポーツ科以外の野球部員たちにももちろん伝えた。とくに1年生たちには「今日の練習はこうした」「試合でこうだった」「次はこうしていきたい」という振り返りと課題、目標を常に書きとめておくことが大事で、それが何かあったときの処方箋になるのだと教えている。

第4章

高知商の練習

戦術、セオリー、バッティング理論

高知商の練習環境

いま、私たちが普段の練習で使っているグラウンド（写真①）は、私が高知商に入学した1978年にできたものである。グラウンドのサイズは。両翼93m、センターが120m。近年の球場の規格からするとやや狭いが、野球部専用のグラウンドであり、さらにフェンスやベンチもしっかり備わっている。このような環境は、公立校としてはかなり恵まれているほうだと思う。

そのほかに野球部の施設としては、

・ブルペン　一塁側に4人用（写真②）、三塁側にふたり用（写真③）

・トレーニング室　ウエイト器具（写真④）、マルチスローやディッピングなどの動的ストレッチマシン（写真⑤）

・雨天練習場　普段はティーバッティング練習などで使用（写真⑥）

などがある。雨天練習場もだいぶ年季が入ってきて、最近は雨漏りも激しく雨天練習

①多くの名選手を輩出した野球部専用グラウンド

②背中合わせでふたりずつ投げられる一塁側ブルペン

③三塁側にあるふたり用ブルペン

④トレーニング室内のウエイト器具

⑤マルチスローやディッピングなどの動的ストレッチマシン

⑥普段はティーバッティング練習などで使用する雨天練習場

場の体を成していない部分もある。三塁側の外には鳥かごもあるのだが、これも老朽化が激しい。しかし、本校は市立のため財政的にも高額な修理は厳しく、そのほかにもネットやフェンスなど修理しなければならない箇所も多いので、優先順位をつけて随時修理、修復を行っている。

グラウンドの水はけはとてもよく、それが最大の利点ともいえる。練習も練習試合も、雨さえ上がればだいたいできてしまうので、とても助かっている（現役の頃はそれが嫌で嫌でしょうがなかったが……）。

部員数は、2023年夏の時点では1年生18人、2年生21人、3年生22人の計61人であった。そのうち、寮生は18人。3年生の寮生は7人おり、引退したら寮を出ていく場合が多い（家が遠く、通えない選手は残る）。

「鵬程寮」（写真⑦）の部屋数は、全部で15（部屋の作りはふたり部屋なのだが、現在は寮生が少ないためひとり1部屋が割り当てられている）。寮費は現在、月5万5000円となっており、寮の食事は朝と夜の1日2食を外部の業者に発注して作ってもらっている。

入部してくる新入生の硬式、軟式の出身割合を見ると、全員がほぼ軟式だ。高知県は昔から軟式文化であり、市内に硬式のチームは1チーム（ヤングリーグ）しかない。そのため、うちも公立中の野球部から入ってくる選手がほとんどである。

現在の公立中の部活は、国が定めたスポーツ庁のガイドラインに従い、土日はどちらか一方しか活動できない。また、平日も休みを1日は必ず入れないといけない。中学生はそのような状況に置かれているため、昔に比べると圧倒的に練習量が少なくなってしまっている。以前は入学直後の1年生には、基礎体力（高校野球の練習をする体力）をつけさせるための体力トレーニングを1カ月ほど行えば済んだのだが、2023年からはその期間を倍の2カ月に延ばし

⑦野球部専用の鵬程寮

たほどだ。

こういった公立中の練習環境を考えると、私立中はガイドラインに従っていない学校が多い（本来このガイドラインは、公立、国立、私立のすべてが対象）ので、これからは私立中（高知中や明徳中など）に進む小学生が増えていくのかもしれない。

高知は「軟式文化」と先述したが、このような状況を踏まえると、公立中が私立中に勝つのは昔以上に厳しくなっていくだろう。また高知中や明徳中は、そのままスライド式に上の高校に進む選手が多く、うちのような公立高にとっても、厳しい状況は以前にも増したものになると予想される。

平日の練習スケジュール
——実戦的な練習で守備力を磨く

シーズン中は、授業が終わってから16時20分頃に練習が開始となり、20時には全体練習が終了。その後は自主トレ時間となるが、21時には上がるよう指示している。寮生の消灯時間は23時である。

冬季の平日練習時間はシーズン中と変わらないものの、日が暮れる時間が早いので、内野を照らせる照明を使い、あたりが暗くなってもできるメニュー（ゴロの捕球練習や基礎体力練習、素振り、ウエイト、ストレッチなど）を行う。

朝練はシーズン中のみ行っており、寮生は6～7時くらいにかけて（その後朝食）、通いの選手は7時過ぎ～8時過ぎにかけてが朝練時間となる（私と藤田部長、岡村副部長も管理者として必ず参加する）。朝のバッティング練習を金属バットでやると、周辺住民に迷惑がかかるので、朝練で使うのは木製バットのみにしている。寮生の朝食のセッティング（配膳）係はこの私である。

シーズン中の平日練習のメニューをざっと挙げると、

・ランニング→アップ（アジリティ）
・キャッチボール
・トスバッティング

ここまでが、毎日変わらないレギュラーメニューだ。

キャッチボールでは、落ちたボールを拾ってから低い送球を投げる練習（塁間の距離）も途中で入れている。これは、ボールを足元に転がして、それを両手でしっかり拾ってから投げる（相手が捕りやすい低い送球）という練習である。捕球の際にこぼれ落ちたボールは、「利き手で拾う」という教えもあるが、それだとファンブルしてしまうことが多いので、うちでは「両手で拾う」ことを徹底している。

キャッチボールの後、トスバッティングかバント（左右に打ち分ける）を3人一組で行っている。ヒットエンドランは、センターラインを外して打たなければならない。つまり、ヒットエンドランを成功させるには、左右に打ち分ける技術が必要となる。そのポイントをしっかりつかんでエンドランの技術を高めるために、毎日トスバッティングを行っているのだ。これは、2023年の3年生が「やらせてください」と言ってきたので、毎日やるようになった。

その後、バッティング練習を行うが、ノックや実戦形式のシートバッティングにするときもある。実戦形式のシートバッティングでは、「ピッチャーリクエスト」「バッターリクエスト」として、ピッチャーやバッターが公式戦や練習試合で感じた課題を克服するために、状況設定（アウトカウント、イニング、ランナーなど）をその都度変えながら行っている。ゲームで送りバントやエンドランを失敗した直後なら、その場面を再度設定して行うといった具合だ。

もちろん、私の指示するやり方に則って行う場合もある。いずれにせよ、その都度選手たちから「これをやりたいです」と言ってくるものがあれば、それを優先して取り組むようにしている。

シートノックは、シートバッティングをする前に20分ほど（ピッチャーが肩を作っている間）行う。平日は時間が限られているため、ノックにはそれほど時間をかけない。時間をかけてやるのは、基本的に土日や夏休みなどである（それも内外野別で、特守的に行う）。

私の考えとして、各選手の守備力は、シートバッティングの中で生きた打球を捕って磨いてほしい。その都度、置かれた状況で次のプレーを考え、生きた打球を捕って投げる。その積み重ねが、守備力の向上につながるのだ。

基礎メニューを本気でやるか、やらないか。それが半年後に大きな差となって表れる

前項でご紹介した平日のレギュラーメニューである「ランニング、アップ、キャッチ

ボール、トスバッティング」。私は、この「ランニング」から「トスバッティング」までを本当に本気でやったら、「あとは自主練習でもいいくらいだ」と選手たちにはいつも言っている。

毎日行う基本練習は、ややもするといい加減なやり方になりがちである。本当は一番大切だからこそ毎日続けているのに、その真意を理解して高い意識で取り組んでいなければ、基本練習をしている意味がなくなってしまう。だからこそ私は、そういった基本練習こそ「本気でやれ」と選手たちに言い続けているのだ。

長年指導者を続けてきて言えるのは、こういった基本練習を「しっかりやるか、やらないかが大きな差となって表れる」ということである。

どの高校も、基本練習ではそんなに変わったメニューを組んではいないと思う。ならば、その基本練習にどれだけ意識を高く持って取り組めるか。毎日やることなので、1日に1点の差がつくとしたら10日で10点の差となり、100日で100点もの差となる。「千里の道も一歩から」ということわざの通り、何事も小さなことの積み重ねによって成し遂げられるのを忘れてはならない。

キャッチボールの後半に、「落ちたボールを拾ってから塁間で投げる」という練習を取り入れているのも、悪送球を少しでも減らすためである。

キャッチボールの最中に「40mくらいの距離でのワンバン送球」も行う。悪送球というのは、浮いた送球になることが多い。外野手が中継の内野手に浮いた送球をしたり、内野手がファーストに捕れないような高いボールを投げたりすることで悪送球は生まれる。そうならないように、「低い球を投げる」という意識と基本を身につけるために、この「40mくらいの距離でのワンバン送球」も欠かさず行っているのだ。

少年野球や高校野球において、「ファンブルしたボールは利き手で拾って投げる」という指導がなされていることが多いと思う。しかし、先述したようにうちでは「両手で拾いなさい」と教えている。その補足として、「落ちたボールを体の中心で捕る。しかもグローブ、利き手の両手でしっかり拾ってから投げる」を徹底している。

この捕り方は、私が現役時代に谷脇監督から教わっていたもので、高知商の伝統的な教えともいえる。ピッチャー前に転がってきたバントゴロの処理も、この動きがとても重要である。しっかり拾い、その後ワンステップを入れて投げれば、正しい送球となる可能性は高まる。

試合中、ファンブルした後に、出塁や進塁を許してしまうケースが本当に多い。中でもファンブルした後、悪送球になるパターンが多いように思う。これを減らすためにも「ファンブルしたボールは両手で拾って投げる」は、少年野球や高校野球では有効だと考えている。

「守り勝つ野球」の根幹を成す「守備の基本」

高知商の象徴である「守り勝つ野球」は、守備の基本が疎かになっていては成り立たない。守備の基本であるゴロの捕り方においては「ゴロの入り方」から説明する。ゴロが転がってきて、自分の体をどうやってゴロに合わせるか。この合わせ方ができていないと、少なくとも内野手は務まらない。

ゴロに体を合わせる指導では、「左肩に合わせろ」とか「左耳に合わせろ」などいろんな言い方がされる。要はいずれも「体の左側にボールを置け」という意味なのだが、守備では下半身の動きが重要となるため、「体の左側を合わせていく」という感覚を持つことが大切だろう。

ゴロの軌道を「自分の左側」に置き、捕球をする瞬間には「右足をどこに置くか」で、正しい送球ができるかどうかが決まる。捕球後の次の動きである正しい送球をするためには、右足をどこに置くかが一番肝心なのだ。ゴロのバウンドに合わせて、どのタイミングでどこに右足を置くかは、反復練習で身につけていくしか方法はない。もちろん、考えなくても正しい動きができるようになるのが理想である。

私は選手たちに、「難しいバウンドのゴロはしょうがない。イージーなゴロは普通にアウトにできるようにしてくれ」といつも言っている。ゴロの入り方は、一人ひとりに適したやり方がある。だから、何度も何度も反復練習してそれを探り、自分で答えを見つけていくしか方法はない。

ゴロの基本姿勢を身につけるために、ふたり一組となって手投げでボールを転がすゴロ捕球練習は、基本中の基本ともいえる練習だ。いくつか班を作り、フリーバッティングをメインとしていろんな練習メニューを行うときなどにも、ゴロ捕球練習を入れる。基本練習は、毎日行うからこそ意味がある。何度も言うが、基本練習にどれだけ本気で取り組めるか。強いチームを作るためのカギは、そこにあると考えている。

本校では、守備練習の際に特殊なノックなどは行っておらず、オーソドックスなノックを昔から行っている。現在、内野ノックは岡村副部長に任せているのだが、緊迫感を演出するために「27連続アウト（9イニング×3アウト）を取るノック」をたまにしたりしている。サードから順にノックをしながら、ぐるぐると27回誰もミスをしなかったら終わり。でもたいていの場合、20アウトを超えたあたりで誰かがエラーをする。そうなれば、ノックは1アウトからの再スタートとなる。

守備の上手な選手は、ゴロが転がってきたとき、グローブがすでに低い位置に準備されている。準備のタイミングが適切なので、ゴロがイレギュラーしても素早い対応が可能になる。どのチームにも、守備のうまい選手がひとりやふたりはいると思う。そういった選手から高い技術を「見て学ぶ」ことも、守備力の向上には欠かせないポイントである。

バッティング練習
――素振りは6秒スイングを３００本

1週間の中で月曜は軽めの練習日としており、フリーバッティングとシートバッティングだけで上がるなど、その都度必要最低限の練習で済ませていた。しかし、火曜は授業が7時限まであり、選手たちがグラウンドに出てくるのは17時過ぎになってしまう。だから、いままでは月曜を軽めの練習日にしていたが、現在は火曜を休養日にしている。

本校のフリーバッティングは、バッティングゲージ3基を配していつも行っている（マシン2カ所、打撃投手1カ所）。限られた時間を有効に使うため、いくつかの班を作り、ほかの練習メニューと組み合わせてフリーバッティングを行う。パターンとして多いのは、ゲージ1カ所につきひとり1分30秒~2分。タイマーの音に合わせて3カ所のゲージを巡りながら打つ（1班につき計10分程度）。その間に、ほかの班ではバント練習、ティー打撃、ゴロ捕球などを行う。班分けはだいたい3班、多いときは5班に分けて練習することもある。

フリーバッティングでは基本的に自由に打たせているが、それぞれに課題は必ずあるはずなので、それをクリアするために行うよう伝えている。ゲージの後ろからフリーバッティングを眺めていると、「あ、この選手は目的を持って取り組んでいるな」「この選手は何も考えずに打っているな」というのが手に取るようにわかる。チームに必要なのは「自分で考えて動ける選手」である。だから「いい当たりがたくさん打てた」「柵越えが打てた」と喜んでいるだけの選手が、うちでレギュラーになるのは難しいと言わざるを得ない。

シートバッティングやフリーバッティングが終わり、空がまだ明るければ（ボールが見えるのであれば）、ノックを入れたりすることもある。そして、暗くなってきたらみんなで素振りを行う。うちがやっている素振りは「6秒スイング」と呼ばれるものだ。6秒に1回鳴る笛の音に合わせてバットを振る。6秒に1回なので1分で10本。時間がなければ減らすこともあるが、基本的に素振りは「6秒スイング」を30分（300本）行うようにしている。

1本1本、真剣に振るには6秒に1本の間《ま》がちょうどいい。この間であれば、30分やっても集中力は続く。この練習は、私が中学の指導者時代から続けているものである。1本振った後、再度構えてスイングに入るが、そのときに必ずピッチャー方向を見るように指示している。普通に素振りをさせると視線が下方向に行きがちだが、ピッチャーがいることをイメージしながら振ることが大切だからである。

素振りは、ただ回数をこなせばいいというものではない。バットを構えて、ピッチャーが投げてくることをイメージしながらタイミングを取り、コースや球種も想定してスイングする。このような、意味のある素振りをするためにも「6秒スイング」は有効なのだ。

バッティングの基本
——自分のポイントで強い打球を打つには？

最近は、大谷翔平選手やメジャーリーグの「フライボール革命」の影響か、構えたときから後ろ足（軸足、右バッターなら右足）に重心が乗りすぎている選手がとても多い。その重心のままスイングをすると、どうしても右肩が下がってしまい、それにともなってバットも下から出てくるためアッパースイングになりやすい。

そういう傾向の強い選手には、「構えたときに前の足（右バッターなら左足）にもっと重心を乗せなさい」と教える。それも本人が「これはちょっとオーバーじゃないか？」と思うくらい、左足に重心を乗せさせる。そして、その姿をスマホなどで撮影して見せてあげると、正しい重心（バランスよく立つ）になっているのが客観的に理解できる。「監督の指示はオーバーだろう」と思っていた本人も、「本当だ。真っ直ぐ立っている。

バランスがよくなっている」と納得してくれる。一度体に染みついてしまった悪いクセを矯正するには、ちょっとやりすぎに思えるくらいの感覚でやっていくのがちょうどいいのだ。

野球少年や高校球児が、大谷選手に憧れる気持ちは私にもよくわかる。だが、大谷選手のようなスイングがしたいのなら、大谷選手のような体格とパワーを身につけなければならない。しかし、まだ成長期の過程にある高校生が、大谷選手のようなパワーを身につけるのは不可能である。

ある日の試合で、長打力のあるうちの選手がセンター方向にいい当たりを打った。「柵越えかな」と思うくらいのいい当たりだったが、フェンス手前で打球が失速してセンターフライとなった。このとき、ベンチに戻ってきたその選手に「バットが下から出ているから、もうちょっと上から叩くイメージで振れ」と助言したら、次の打席で見事にフェンスオーバーのホームランを放った。

アッパー気味のスイングだと、ボールの上をこするようなバッティングとなり、「捉えた」と思っても打球がドライブ回転となるため飛距離が伸びない。伸びる打球を打つには、ボールの中心からやや下側を打ち、ホップする回転にする必要があるのだ。

また、うちの選手には「バッティングの始動が遅い」というタイプが最近多くなってきた。構えたとき、タイミングを取るためにバットを顔の前あたりに持ってくるのはいいのだが、トップの位置に入ったらバットは頭の後ろに来ていないといけない。でも、その「トップの位置」に入るのが遅いため、どうしても差し込まれてしまう。だから「捉えた」と思っても、詰まった当たりが多くなる。

自分のポイントで打つには、「始動は早め」が鉄則だ。私は、始動の遅い選手には「遅刻してるぞ」と言う。しかし、あまりにもそれを言いすぎると、今度は始動が早すぎて突っ込んだバッティングになってしまったりするケースもあるので、選手一人ひとりに合った助言をするように、伝え方はその都度いろいろと考えながら行っている。

選手それぞれに、「ここで打てば一番パワーが伝わる」というポイントがあるのだが、それは個々に異なるので自分でそのポイントを見つける必要がある。この「自分のポイント」を確認するために有効なのが置きティーである。

置きティーを行う際、集球ネットに向かって打つが、最初は集球ネットの位置を3mの距離に置く。3球連続でネットに入ったら、次は距離を5mに伸ばす。それもクリアしたら、次は7mといった具合に距離をどんどん伸ばしていく。この距離が9m、10m

くらいになってくると、正しいポイントで強い打球を打たなければネットにボールは入らない。

プロレベルになると、塁間（27・431m）くらいまでの距離はお手のものらしい。さすがに高校生レベルでは塁間は無理にしても、10mくらいまでならいける選手は結構いる。この練習によって「自分のポイント」が確認できるので、強い打球を打ちたい、飛距離を伸ばしたいと思っている選手はぜひ試してみてほしい。

私は選手たちが練習に飽きないように、同じティーバッティングでもいろんなやり方を用いて練習を行っている。ロングティーでも、ただ単に「遠くに打つ」だけではなく、30mほど先に大きめの防球ネットを置き、そこにライナーで当てるように打たせることもある。また、70〜80mの位置にコーンを置いて、「あれを越す打球を打とう」とロングティーを行うときもある。

ここで紹介したいずれの練習も、目的は「自分のポイントで強い打球を打つ」ということである。これからも、選手たちの実力を伸ばすために、いろんなメニュー、やり方を考案していきたいと思う。

ピッチャーはグローブをしているほうの手の使い方も重要

ピッチャーを指導する際、私が最近よく言うのはグローブをしているほうの手の使い方である。私が現役の頃は、投げるときに「キャッチャー方向に出したグローブを、自分の体のほうに引きながら投げろ」と教わった。でも、いま私は「グローブを引くのではなく、自分の体がグローブのほうに近づいていく感覚で動け」とピッチャーに指導している。

グローブを体に寄せるのではなくて、自分からグローブの方向に向かっていくイメージと言えばいいだろうか。その後、グローブは自分の胸の中心に来るようにする。そうすることで腕の振り、投げるパワーをキャッチャー方向に無駄なく向けることができる。「グローブを引く」という感覚でやると、横回転のベクトルが強くなりすぎて、投げる方向にパワーを集中できない。体のパワーを、そのまま無駄なくボールに伝えるためにも、「グローブを体の中に収める」感覚で投げることが大切だ。

私の息子が学童野球をやっていた頃、野球教室の講師役に元西武ライオンズの石毛宏典さんがいらっしゃったことがある。私もその野球教室を見に行ったのだが、そこで石毛さんは「内野手が送球するとき、スナップした後の右手を左肘にぶつけるくらいのイメージ（右利きの場合）で投げると、ボールを真っ直ぐ投げられる」と指導していた。グローブをしている左手を胸に引き寄せて投げ、その際に左肘も体の中心に持ってくるようにする。そして、スナップした右手をその左肘にぶつけるくらいの感覚で投げると、ボールは真っ直ぐ投げられるというわけだ。

私が女子のソフトボールの授業で、ボールを真っ直ぐ投げられない女子生徒にこの投げ方を指導すると、驚いたことに瞬く間にその女子生徒はボールを真っ直ぐ投げられるようになり、当の本人も「投げられた！」とキャーキャー言いながら喜んでいた。

中学指導者時代、私はバッティングピッチャーなどをやりすぎたことから、慢性的な肩の痛みに悩まされていた。だが、石毛さんに教わった投げ方にしてからは、まったく肩が痛くならなくなった。この投げ方は、スナップが利いているので軽く投げてもいいボールが行く。だから、私の肩の痛みもなくなったのだと思う。

中西が阪神タイガースでコーチをしていた時代、一緒に飲む機会があったりすると、ピッチャーのいろいろな練習方法を私に教えてくれた。その中でも一番効果があったのは、ピッチャーにショートを守らせ、逆シングルで捕ってから大きなフォームでファーストへ投げさせる練習である。中西自身、現役のときにこの練習をして「より伸びのあるボール」が投げられるようになったという。

中学指導者時代にピッチャーにこの練習をさせると、効果はすぐに現れた。後ろ足にしっかりと体重を乗せ、そこからステップをして投げるため、この練習をすると「軸足から踏み込む足への正しい体重移動」と「正しい腕の振り方」が体で覚えられる。「もっと伸びのあるボールを投げたい」と思っているピッチャーには、ぜひ試してほしい練習方法だ。

走塁練習とランメニュー
――精神的なタフさを身につけるためには、ときにきついメニューも必要

うちでは、特別に「走塁練習」の時間を設けて走塁の練習をすることはない。やるとすれば、先述したシートバッティングのときにランナーをつけ、そこで実戦的な走塁を

行って各自に技術を磨いてもらう。

公式戦の前日に、盗塁をイメージした短いスタートダッシュ（10mダッシュ）を行うこともある。ただそれも、試合前にあまり疲労をためたくないので多くは行わない。ベーラン（ベースランニング）の練習をたまにすることはあるが、普段から特別な走塁練習、盗塁練習などをすることはない。うちでは限られた時間を有効に使う意味でも、より実戦的なシートバッティング時のランナーで、走塁の技術を高めるようにしている。

ベーランの練習をするときは、出発地点を3カ所（本塁、一塁、二塁）に分け、すべて二塁分進む設定で行う。

1　本塁から二塁へ（バッターが二塁打を打った設定）

2　一塁ランナーがヒットで三塁に進塁

3　二塁ランナーがヒットで本塁に突入

の3パターンである。

私が現役のときのベーランは「塁打」といって、監督が指定した「塁打」分を走る内容だった。その中でも「50塁打」の設定はきつかった。一塁駆け抜けから二塁打、三塁打、ランニングホームランまでで10塁打。これを5回繰り返す（みんなで順番に走る）。

あまりのきつさにごまかそうとしたこともあるが、そういうときに限って谷脇監督はしっかりと塁打を数えていたりする。「ごまかすな！」と激怒され、最初からやり直しをさせられたのもいまでは懐かしい思い出だ。

２０２３年のセンバツと夏の甲子園を見ていて、私は仙台育英の選手たちのスライディング技術の高さに感心した（うまい選手はベースの直前80センチくらいからベースを削るように滑る）。最近、うちの選手たちのスライディング技術が劣ってきているように感じるので、これからはスライディングの練習をしていく必要があるかもしれない。

走塁技術を高める上で、各選手の走力自体をアップさせていくことも非常に重要である。走力を上げるにはランメニューが欠かせない。うちではグラウンド横の寮の前にある坂道を使って、よくダッシュを行う。

坂の全長は50ｍほどで、この半分の距離を走るときもあれば、ロングダッシュとして50ｍ走ることもある。ピッチャーには練習試合で「フォアボールを出したら1個につき坂道ダッシュ５本」「イニングの先頭バッターをフォアボールで出した場合は10本」として試合後に走らせることもある。冬のシーズンオフはピッチャーだけでなく、野手もこの坂でランメニューに取り組む。

体に負荷のかかるランメニューは精神的にもきつい。坂道ダッシュのようなきついメニューで「精神力はつくか?」「メンタルは強くなるか?」という議論がたまにされるが、私は高校野球の練習にこういったメニューが必要か、不要かと聞かれれば「必要だ」と答える。

坂道ダッシュのようなきついメニューは、走力や心肺能力は高められると思うが、野球の技術的な向上には直結しない。谷脇監督がとある研修会で講師をされたとき、受講生から「野球の練習で長い距離を走らせたりすることをどう思いますか?」と問われて、「長い距離を走る。きつい。これは科学的ではないかもしれないが、厳しい戦いをしのぐ精神力を身につけるには必要な練習だと思います」と答えておられた。私も谷脇監督と同意見である。精神的なタフさを身につけるために、たまには目的もわからないような理不尽な練習も必要だと思っている。

最終回の守りに行く前に、点を取るクセをつけよう

――高知商の教え

私が高知商の監督になってから、試合の流れに関して選手たちにずっと言い続けていることがある。それは「最終回の守りに行く前に、点を取ろう。練習試合からそれを意識して、点を取るクセをつけよう」ということだ。

これは、私が中学指導者時代からずっと言い続けていることである。うちが後攻なら、9回表の守備に入る前の8回裏に必ず点を取ろう（中学は7イニング制なので6回裏）、うちが先攻なら、9回表にダメ押しの点を取って裏の守備に入ろう。試合を優位に進めて勝利を手にするには、最後まで自分たちのペースで試合をすることが何よりも重要である。そのために必要不可欠な要素が、終盤でのダメ押しなのだ。

「点を取れるときに、確実に点を取る」

これは私のセオリーなのだが、こう思うようになったのは、高1のときに見た夏の甲子園の決勝（高知商対PL）がきっかけとなっている。

あの決勝戦、先攻だったうちは2点リードしている9回表に、1アウト一三塁の好機を迎えた。しかし、そこで谷脇監督は強攻策に打って出て、結局その回は点が取れずに終わった。後日、谷脇監督は「あのときスクイズで1点取っていれば、PLの逆転劇はなかったに違いない」と悔いていた。私は谷脇監督からこの話を聞き、「点は取れるときに確実に取る」こと、さらには「終盤のダメ押し点が勝利をもたらす」ことの重要性を再認識した。

だから、いまでも選手たちには「取れるときは、何が何でも絶対に点を取るぞ」と言う。これが、私が谷脇監督から受け継いだ高知商のセオリー、伝統なのだ。高知商のセオリー、伝統という面で言えば、そのほかにも受け継がれているものがいくつかある。

高知商は、1972年夏の甲子園でベスト4になっている。準決勝の相手は山口県の柳井だった。実力的にも勢い的も高知商が上回っており、世間の下馬評も「高知商勝利」の声が多かったそうだ。ところが、この準決勝が雨で流れて翌日に順延となった。当時の監督は雨ということもあり、「ここまできてジタバタしてもしょうがない。今日は休もう」と一切練習しなかった。すると翌日、選手たちの体はまったく動かず、高知商は負けるはずのない相手に2－7で敗れた。

この敗戦が教訓となったのだろう。私たちが1980年のセンバツで優勝したとき、2回戦の富士宮北戦が雨で順延となったのだが、そのときは雨天練習場でかなりの量を走らされた。「とにかく汗を出せ」というわけだ。「雨でも練習はしなければならない。これも高知商の伝統だ」と谷脇監督は言っていた。

いまでも、ミーティングなどで選手たちに話をしている際、「あ、谷脇監督と同じことを言っているな」と気づくことがたまにある。私は「とにかく、自分たちの力を出せ」と選手たちによく言うが、これは谷脇監督が現役時代の私たちによくかけてくれた言葉でもある。

センバツの決勝戦の前には、谷脇監督から「いままでで一番いい試合をしよう」と言われた。私も準決勝や決勝といった大一番の前に、いまの選手たちに同じことを言ったりする。谷脇監督は、きっと「結果を考えず、全力プレーに徹しろ」と私たちに言いたかったのだと思う。そしてその教えは、いまでも私の中にしっかりと受け継がれている。

延長タイブレークの戦い方と対策

前項で述べた「取れるときに点を取る」ことを実践していく上で、送りバントやスクイズは外すことのできない戦術である。ただ、実際の試合で送りバントのサインを出す確率は、五分五分といっていい。その時々の状況、選手の調子などを見て判断するので、序盤からクリーンアップに送りバントをさせることもあれば、下位のバッターに打たせていく強攻策を取ることもある。

私の経験上、送りバントしたバッターが、次の打席でヒットを打つことは結構多い。きっとバントをすることによって、ボールをしっかり見られるようになっているからだろう。あとは、しっかり自分の仕事をしたという自信が、次の好結果につながっている部分もあるかもしれない。

バントは、ボールの見極めやタイミングの取り方などが、しっかりできていないと成功しない。そんなことから、スランプ気味のバッターに対して、練習時にバント練習を多くやらせることもある。

私の采配では送りバントは五分五分だが、それはノーアウト一塁、もしくはノーアウト二塁のときに限られる。ノーアウト一二塁のときは、かなりの高確率でバントのサインを出す。

以前、中学時代の恩師の田島先生がつけていたノートを、見せてもらったことがある。そこに、いまでも非常に印象に残っているフレーズが書かれていた。ノートには、

「ノーアウト一二塁は必ず送りバント。バッターが3番だろうが4番だろうが、その日

に調子がとてもよくても関係ない。絶対に送りバントすること。大きな大会で二度悔いあり」

と記されていた。田島先生が二度された悔いを、私が繰り返すわけにはいかない。「ノーアウト一二塁のときはバント」を選手にも話して、チーム内で意思統一している。タイブレークになっても、そのやり方は基本的には変わらない。だから、どんな場面でも全員がバントをできるように、普段からバント練習もしっかり行っている。

高校野球では2018年春のセンバツから、ほぼすべての公式戦にタイブレーク制が導入された。中学軟式野球では、昔からタイブレーク制（私が指導していた頃は設定試合といって無死満塁スタートだった）があったため、高校でタイブレーク制が始まっても私にはある程度の慣れがあったので、困惑することはなかった。

ただ、いくら慣れているとはいえ、タイブレークは何が起こるかわからないので一時も気を緩められない。相手を0点で抑えても、その裏に点を取れなかったり、あるいは4点取って「これで大丈夫だろう」と思ったら、その裏に4点取られてしまったり。とにかく、タイブレークはどう転ぶか、蓋を開けてみないとわからない。タイブレークになったら、チーム全体がひとつのやり方にこだわらず、そのときの状況や流れも読みながら采配を振ることが重要なのだと思う。

タイブレークで相手を0点に抑え、裏の自分たちの攻撃になったら、打順によっては満塁策を取られる可能性もある。その後、相手ピッチャーは内野ゴロを打たせるためにシュート系のボールや低目の変化球を投げてくるだろう。だから最近うちではタイブレーク対策として、そういったボールを見極める練習や、バスターの構えで見送ったり、ノーステップでコンパクトに振ったりする意識づけの練習もしている。

これは、前進守備の内野手の間を抜くような、鋭い打球（あるいは高いバウンドのゴロ）を打つための練習である。仮にバスター策が失敗して三振やフライアウトになったとしても、まだ1アウトなので次の策を取ることもできる。だから、選手には「もしバスターのサインが出たら当てにいくのではなく、失敗を恐れず強くスイングをしろ」と伝えている。

また、守備面においては、ノーアウト一二塁からの送りバントを、三塁でフォースアウトにするためのシフト練習も行っている。

ノーアウト一二塁のバントは、フォースプレーになるためバッターにも相当なプレッシャーがかかる。そんなときは、バッターより守っている内野手のほうが精神的には優位である。だから、内野手は「三塁でアウトにする」ことだけを考えればいい。もし相手がバントを失敗して、1アウト一二塁になれば、途端に相手の旗色は悪くなる。そうやって流れをたぐり寄せていくのも、タイブレーク制の戦い方のひとつである。

練習試合は四国周辺の強豪校がメイン

3月から11月のシーズン中の土日祝日は、ほぼ練習試合を行っている（もしくは公式戦）。前の年に翌年の予定はほぼ決まっており、「この時期にはこの学校と練習試合をする」と半ば恒例になっている練習試合もたくさんある。

普段の練習試合は、遠征に出ることはあまりなく、ほとんどうちのグラウンドで行う。午前中の第1試合がレギュラー陣、午後の第2試合が半レギュラーを交え、というような形式で行うことが多い。

3月に練習試合は解禁となるが、中旬以降は春季大会が始まるため練習試合はなかなか組めない。だから、やるとすれば3月上旬になるのだが、いまのところ2024年3

月は10日に池田と、月末の土日に大阪の岸和田産業などと練習試合をする予定である。

4月には土佐や高知中央など、県内のチームとも練習試合を行う。高知中央はいいピッチャーが揃っているので、うちとしても貴重な経験が積める。

ゴールデンウィークには、数少ない遠征に出る。コロナ禍にあったため、ここ数年は行けていなかったのだが、2023年は久しぶりに恒例の長崎遠征に出ることができた。

長崎遠征では創成館の稙田龍生監督にお世話になり、いろんなチームと交流試合を行う。対戦チームは稙田監督が集めてくれるのだが、2023年は初日に明豊と鹿児島実業、2日目に福岡工大城東と日田（金谷昭二監督は日体大のOBで私の後輩にあたる。現在の日体大・古城隆利監督は、金谷監督の教え子である）、3日目が佐賀の東明館と日章学園と、錚々たる顔ぶれのチームと試合をすることができた。

泊まりでの遠征は、このゴールデンウィークに加えて6月第3週の土日にも行う。2024年は瀬戸内海を越え、岡山学芸館と関西と対戦する予定だ。

このように本校は、四国近辺の学校と多く練習試合を行い、遠征に出るのは九州や関西エリアまでである。ちなみに遠征は岡村副部長がバスを運転し、私は荷物を積んだバンでその後をついていく。これも、できる限り経費を抑えるためのチーム運営法のひとつである。

本書ですでに述べたが、日体大ＯＢのネットワークは全国各地に及び、このネットワークがあるおかげで練習試合の相手探しに困ったことはない。ひとつ上の先輩である東洋大姫路の岡田監督とは、ずっと練習試合をさせていただきたいと思っているのだが、なかなか日程が合わず残念ながらまだ実現には至っていない。

永遠のライバルである明徳とは、基本的に練習試合はしない。でも、Ｂチーム同士がすることはたまにあり、高知ともＢチームの練習試合は行っている。私が現役の頃は、県内の強豪同士の交流はほぼなかった。でも、いまはこのような形でお互いに切磋琢磨できる環境があるので、ありがたい限りである。

卒業後の野球部ＯＢの進路

本校野球部選手の進路は、３分の２が大学進学、３分の１は就職（もしくは稀だが社会人野球）となっている。進学する生徒のうち、硬式野球を続けるのは半分程度だ。

進学先は四国、関西の大学が多く、関東方面はあまりいない。2023年度の明治大4年生に2018年の甲子園メンバーである山﨑大智がいるが、やはり東京六大学に進学するには甲子園に出場していないと難しい。

ここで、近年の野球部OBの進路をご紹介したい。

【令和元年度(2019年度)】

明治大(硬式)・天理大(硬式)・大阪学院大(硬式)・広島経済大(硬式)・四国学院大(硬式)・高知大(硬式)・至誠館大(硬式2名)・吉備国際大(硬式)・大阪産業大・徳島文理大

高知県警察・(株)技研製作所・(株)神戸製鋼所

【令和2年度(2020年度)】

四国学院大(硬式)・至誠館大(硬式)・愛知大(硬式)・高知大(硬式)・大阪商業大(硬式)・大阪学院大(硬式)・高知工科大(硬式)・大阪体育大(硬式)・大阪経済大(硬式2名)・聖カタリナ大(硬式)・名古屋学院大・京都産業大・駒澤大

高知県警察・(株)技研製作所・(株)神戸製鋼所

【令和3年度(2021年度)】

日本体育大(硬式)・東海大(硬式)・大東文化大(硬式)・愛知大(硬式)・名古屋商科大(硬式)・至誠館大(硬式2名)・聖カタリナ大(硬式)・羽衣国際大(硬式)・東京経済大・高知リハビリテーション専門職大2名・大谷大・神戸学院大・松山大・大阪商業大・京都産業大・岡山理科大

アークバリア(香川・社会人硬式)・高知ファイティングドッグス(独立リーグ)

高知県庁・(株)技研製作所

【令和4年度(2022年度)】

流通経済大(硬式)・大阪経済大3名(硬式1名)・京都先端科学大(硬式)・阪南大(硬式)・岡山商科大(硬式2名)・羽衣国際大(硬式2名)・福山大2名(硬式1名)・松山大4名(硬式1名)・徳島文理大・日本体育大(ソフトボール)

トヨタ自動車(株)・香南市消防本部・(株)技研製作所・関(株)

［令和５年度（２０２３年度）※予定］

天理大（硬式）・環太平洋大（硬式）・広島経済大（硬式）・愛知大（硬式）・専修大・大阪経済大・高知リハビリテーション専門職大

２０２３年６月、天理大に進んだＯＢの真城翔大（４年）が、第72回全日本大学野球選手権１回戦の西南学院大戦でノーヒットノーランを達成した。真城は２０１８年に甲子園に行ったときの２年生で控えピッチャーだった。彼は大学に進んで、とても成長してくれた。大学卒業後は社会人野球の名門、ＪＲ西日本に入社することが決まっている。将来のプロ入りを目指し、社会人野球でもがんばってもらいたい。

第5章

高知商を常勝軍団にするために

高知県の高校野球界のこれから

全国的に野球の競技人口は、減少の一途を辿っている。高校野球の部員数ももちろん減少を続けているが、日本高野連が発表した２０２３年度の47都道府県の硬式野球部の部員数を見ると、上位ベスト５は、

1位　東京　　９１２７人
2位　愛知　　６９３０人
3位　神奈川　６２０６人
4位　大阪　　５９３３人
5位　埼玉　　５８１９人

となっており、下位５チームは、

43位　和歌山　１２１３人
44位　福井　　１１６０人

45位　徳島　９２１人
46位　高知　８６４人
47位　鳥取　７２２人

となっている。

見ておわかりのように、残念ながら高知は下から2番目、同じ四国の徳島も45位と低迷している。絶対的な人口数も学校数（チーム数）も少ないので、大都市と比べてこのような差として表れるのは致し方ない部分も多々あるが、高知は２０１８年には１００６人と１０００人台をキープしていたことを考えると、何とかして減少に歯止めをかけていかなければならないだろう。

日本高野連はこの部員数減少に歯止めをかけるべく、部員数が１０００人を下回っている鳥取、高知、徳島の3県を対象に、重点支援を行っていくと２０２３年12月に発表した。

これは、２０１８年から取り組まれている「高校野球２００年構想」の新規事業のひとつで、「3カ年重点支援事業」とされている。先述の3県に対して、ほかの都道府県への通常支援にプラスアルファの事業を3年間継続して行っていくという。私たち高知県内の高校野球指導者も、もちろん協力は惜しまない。まずは日本高野連の取り組みに感謝しつつ、事業の成り行きを見守っていきたい。

近年の高知の高校野球の現状を垣間見るに、県内の少年野球人口が減っていることもあり、私学と公立で中学生を取り合うという構図になってしまっている。私学は県外からも選手を集められるからいいが、うちのような公立は立場が厳しくなる一方である。しかし、それを嘆いていてもしょうがないので、明徳や高知といった強豪私学の対抗馬の公立筆頭として、がんばっていきたいと思う。

プロ野球を頂点に、日本球界が一体となったシステム作りを

近年、高校野球の世界では球数制限やタイブレーク制度、申告敬遠（故意四球）、継続試合の採用、低反発バットへの完全移行（2024年春から）など、新たなルール、改変が続々と導入、実施されている。

しかしこれらのルール導入、改変が高校野球だけでは意味がなく、プロ野球（NP

B）を頂点とした日本の球界全体（アマチュアの社会人野球、大学野球、高校野球、少年野球、学童野球まで）で考えていかなければならない問題だと思っている。

ワールド・ベースボール・クラシック（WBC）で世界一になるのが日本球界の究極の目標であるのならば、NPBが先頭に立ってシステムや決まりを作っていく必要がある。日本高野連や各都道府県の高野連だけではなく、アマチュアも社会人野球から学童野球までが一体となって、NPBとともに諸問題に取り組んでいくのが理想ではないだろうか。

幸い、日本のスポーツ界には、サッカーのJリーグというよいお手本がある。日本のサッカー界はJリーグを頂点として、JFL、各地域のリーグ（下部組織のジュニアチーム含む）など、しっかりとしたピラミッド構造によって長期的な展望に則った運営がなされている。

高校野球は、マスメディアの取り上げ方が大きく注目されているのもあるが、日本球界は高野連ばかりが悪者にされているような気がする。高校野球に携わる当事者として、日本球界のトップであるNPBが軸となり、Jリーグのシステムを大いに参考にして筋の通った運営、対応をしていただきたいと思う。

先に述べた、低反発バットへの完全移行についてだが、これに関しても理由と目的がどこかぼやけており、球界全体の取り組みではないため付け焼き刃的な対策という印象が否めない。

いままでのバットだと打球速度が速く、バッターの一番近くにいるピッチャーが危ない、ケガにつながる。だから、その危険を防ぐために飛ばないバットを導入するというのが建て前だが、低反発バットにしたところでピッチャーのケガは起こり得る。もっと言えば、野球をしている限り、打球による事故とは無縁ではいられない（これは投手も野手も同様である）。私たち指導者は事故が起きないよう、選手たちの攻守の技術を上げていくしかない。

そのほかにも、低反発バットを導入する理由として、「打高投低」の傾向の改善、ピッチャーの負担軽減、バッターの技術向上などが挙げられているが、私としては決まった以上、選手たちがそのバットにいち早く対応できるよう、指導に力を尽くしていくのみだと考えている。

低反発バットで何が変わるのか？

前項で触れた低反発バットに関して、もう少しお話ししたい。

低反発バットは、いままでの金属バットと重量は900グラム以上と変わらないが、最大径（太さ）が金属バット67ミリから低反発バット64ミリへと細くなる。64ミリは木製バットの平均的な太さといわれている。反発係数に規定はないものの、素材（金属）の厚さがいままでのものより1ミリ厚くなることから、打球の平均速度が96・3％に抑えられたそうだ。

低反発バットの導入により、多少なりとも高校野球の質も変化していくだろう。具体的に言えば、「打高投低」の傾向が抑えられ、ピッチャーを中心とした「守り」に重点が置かれていくと思う。

打力がいままでよりも抑制される分、余計な失点はこれまで以上にできなくなる。バントやエンドランなどの小技、走塁も、より重要視されていくに違いない。高知県でいま、そういった細かい野球を実践しているのが、ほかでもない明徳である。きっと馬淵監督は、低反発バットが導入されても「うちのやることは変わらない」と言うはずだ。私たちも明徳に追い付け、追い越せの精神で、伝統の「守り勝つ野球」に磨きをかけていきたい。

私が思うに、社会人野球を経験している監督さんは、守り中心の細かい野球をしてくる印象がある。明徳の馬淵監督（阿部企業）、恩師の谷脇監督（鐘淵化学）もそうだが、興南の我喜屋監督（大昭和北海道）、創成館の稙田監督（九州三菱自動車）、県岐阜商の鍛治舎巧監督（松下電器産業・現パナソニック）なども社会人での指導経験があることから、守り中心の野球でチームを常勝軍団へと育て上げた。

日本球界で、一番厳しい戦いを繰り広げているカテゴリーが、社会人野球だといわれている。都市対抗野球と日本選手権という二大大会は、いずれも一発勝負。負けたら終わりのトーナメント戦であり、技術のみならず心身のタフさも求められる。そんな過酷な環境にあって、馬淵監督は兵庫の中小企業チームを、日本選手権で準優勝するまでに成長させた。

昔、馬淵監督が明徳の監督に就任することが決まったとき、谷脇監督が「社会人上がりの監督は嫌やなー」と言っていたのを思い出す。今後の高校野球は、「監督が社会人野球の監督経験者」という観点から見ても面白いかもしれない。

話を元に戻そう。これからの高校野球は、自分たちから崩れないことがいままで以上に大前提になってくる。つまらないミス、ボーンヘッドをなくすためには、普段の練習で基本をしっかりやっていくしか方法はない。

ただ、私は低反発バットになるからといって、これまでやってきた高知商のバッティングを変えようとは思わない。あとは徹底した振り込みによって、選手たちが新たなバットにいかに早く慣れるかがカギになってくると考えている。

明徳、高知、高知中央、土佐の強豪私学といかに戦っていくか

本書で何度もお話ししてきたが、高知県の中学野球は明徳中、高知中が圧倒的な強さを誇る。本校に入学してくる選手たちは、中学時代に両校の強さを身をもって経験している。だからこそ、選手たちの中にある強豪アレルギーのようなものを、いち早く払拭

してあげることが私の大切な役割であると認識している。

2023年夏、新チームを立ち上げたときに、選手たちが掲げた言葉が「打倒私学」だった。私は選手たちに「〝言うは易く、行うは難し〟だぞ」と言った。明徳、高知、高知中央、土佐といった強豪私学を倒すにはどうしたらいいのか。それを具体的に考え、「では何をしていくべきか？」の答えを出して練習に取り組んでいく。その積み重ねなくして、「打倒私学」は果たされない。

本書でお話ししたが、私たちは2023年の秋季大会で決勝まで進み（高知に0－2で敗戦）、四国大会に出場することができた。四国大会では1回戦の宇和島東に8－5で勝利したものの、2回戦（準々決勝）で鳴門に8－12で敗れ、私たちの秋は四国大会ベスト8で幕を閉じた。

ノーシードの夏はきつい。だからいまの私たちの目標は、2024年の春季大会で好成績を挙げ、夏の大会のシード権を獲得することである。そのためにも、春季大会で「打倒私学」を果たす必要がある。

強豪私学の強さは、どこにあるのか？

そして、私たちがなすべきことは何なのか？

それを考えていけば、自ずと勝つための方法が導き出されていくように思う。強豪私学を倒すための練習を淡々と、地道に続けていくことが何よりも重要なのだ。

高知の浜口監督は、高知中監督時代に4度の全国制覇を成し遂げている。野球を学ぶ姿勢がとても貪欲で、常に新しい練習方法、指導法を取り入れている。中学指導者時代を含め、私は浜口監督と何度も対戦しているが、その野球は進化を続けており、つかみどころがない。

高知中央の太田監督は、機動力を交えた小技を多用してくる。これはきっと、太田監督の歩んできた球歴（松山商から亜細亜大へと進み、野球を続けてきた）が反映されているような気がする。

第1章で述べたが、土佐のOBであり、東京大野球部の監督を2013年から2019年まで務められた浜田一志氏が、2023年4月から土佐中高の校長に着任した。浜田氏の復帰により、土佐は今後さらに野球に力を入れていくはずである。私としては、「厄介な学校がまた増えたな」という印象だ。

馬淵監督率いる明徳は、2023年の甲子園に春夏ともに出場できなかった。明徳が春夏ともに甲子園に出なかったのは2009年以来、実に14年ぶりのことである。それだけに、馬淵監督は2024年には必死の戦いで臨んでくるだろう。

馬淵野球とは？
——私たちの前に立ちはだかる大きな壁「明徳義塾」

高知商の監督に就任してから、2018年夏の甲子園出場を決めるまでの3年間、私は馬淵監督率いる明徳に負け続けた。しかも1点差ゲームや延長戦など、競った戦いで負けることが多かった。私にとって明徳は、なかなか越えられない高い壁だった。

明徳には、1点差を守り切る底力がある。それが馬淵野球の真骨頂であり、明徳の強さの根源なのだろう。

「明徳とは競った試合はダメだ。勝つなら点差を離さないと」

監督就任直後に、周囲の人たちからよくそう言われた。

馬淵監督の野球は「負けない野球」の象徴である。私は選手たちに「自分たちの力を出すんだぞ」と言うが、明徳は相手の弱点を徹底的に突き、「相手の実力を発揮させない野球」をしてくる。事前の準備で対戦相手を丸裸にして、その弱点をとことん突いてくるのが明徳の野球だ。

明徳の戦いぶりを見ていると、馬淵監督だけでなく、選手たちも徹底して対戦前に相手の分析をしているように感じる。

私の息子も高知商野球部のOBだが（現在は中学教員として野球部の監督もしている）、彼が現役だった頃にこんな話を聞いたことがある。息子の中学の同級生が明徳に進学した（その同級生はバスケットボール部）。明徳が高知商と大会で対戦することが決まると、野球部の選手がその同級生に「上田って高知商におるやろ。性格はどんなんや？」と聞きに来たという。私はその話を息子から聞き、「どんなプレーヤーだ？」と聞かずに「どんな性格だ？」と聞いてくるところがいかにも馬淵野球だと感じた。

馬淵監督から毎日指導を受けていることもあって、明徳の選手たちは野球に取り組む意識が高い。ご存じの方も多いと思うが、明徳の選手たちはみな寮暮らしである。人里離れた山奥の寮で、3年間暮らす覚悟を持って彼らは明徳に入学している。「甲子園に行くために、俺たちは明徳に来たんだ」という明確で強い覚悟を、明徳の選手たちは全員が持っている。その覚悟が、各選手の意識の高さ、粘り強い精神力にも表れているように思う。

明徳の選手は、接戦になればなるほど底力を発揮する。ベンチに入っている選手全員が、「絶対に負けない」という意地とプライドを持って向かってくる。私は対戦するたび、そういった他校の高校生にはない強い意志を、明徳の選手たちから感じている。

だから私は、うちの選手たちにこう言う。

「お前らは明徳の選手のような覚悟があるのか？　高知商に入って、一桁背番号をもらえただけで満足していないか？　まずはその覚悟の部分を改めていかないと、明徳には勝てんぞ」

と。明徳では、馬淵監督の野球を理解し、実践している選手でなければベンチには入れない。だから、選手たちは馬淵野球をプレーで表そうと、みんな必死で努力している。明徳に勝つには、私たちが彼ら以上に明徳を研究し、準備してやっていくしかない。

私は馬淵監督と何度も戦ってきたことで、「ここでこれが来そうだ」という采配の気配を、ある程度は察知できるようになった。だが、馬淵監督も常に進化を続けているので、毎年同じような戦い方はしてこないし、こちらも毎年同じやり方では絶対に通用しないと理解している。

余談となるが、２０１８年夏の第１００回記念大会で私たちが甲子園に出場を果たした際、決勝で私たちに敗れた馬淵監督は、インタビューで「100回の節目に、高知の野球を先導してきて、今年100周年を迎える高知商が出るのはふさわしい」というようなことをおっしゃっていた。日本を代表する名将である馬淵監督からこのようなことを言っていただき、高知県代表校の監督としてうれしく、ありがたい限りだった。

サイン盗みに関して
――「バレなきゃいい」は教育ではない

近年、何かと話題になるサイン盗み。サイン盗みはプロ野球でもアマチュア野球でも禁止されているが、高校野球に罰則規定はなく、いまだに二塁ランナーが怪しい動きをしているチームを多く見かける。

キャッチャーは、ピッチャーと二塁ランナーの両方が視界に入っているので、怪しい動きに気づきやすい。うちでも「監督、二塁ランナーが怪しいです」とまずキャッチャーが言ってくることが多い。

私は、サイン盗みのような姑息な方法に労力を注ぐくらいなら、ほかにいくらでもやることがあるだろうと思う。勝利を義務づけられた学校の監督さんは、必死なのかもしれない。でも、だからといって、サイン盗みをしていいということには絶対にならない。禁止されていることまでして勝って、何がうれしいのか。私は、サイン盗みをしている監督さんの気持ちがまったくわからない。それが正直な思いである。

そもそも、「バレなければ何をしてもいい」と教えているのも教育者としておかしい。本校のスポーツ科・初代科長（サッカー部の顧問でもある）は、新学期を迎えた4月にスポーツ科3学年の全生徒を集めて「バレなければいいという考えは、人間のクズの思考だ。すべてはお天道様が見ている。それを肝に銘じておけ」と話す。私も科長と同じことを、選手たちにしばしば話して聞かせる。

試合中に紛らわしい行為をして、審判から注意を受けた監督さんの中には「選手に注意しておきます」と平気な顔でうそぶく人もいる。

「あれは勝手に選手たちがやったこと」と、監督から言われた選手たちはどう思うだろうか？

選手たちは、その監督を尊敬できるだろうか？

そのチームで実際にサイン盗みが行われていたとしたら、その事実はいずれ世間にバレる。そのような汚いことを、なぜ嘘をついてまでやるのか。指導者として、教育者としてだけでなく、人として私には本当に理解できない。

以前、甲子園で負けたチームの監督さんが試合後、勝利した相手チームの監督さんにクレームをつけて問題になったことがあった。あの場合、私は負けた後に言うのではなく、勝った後にこそ言うべきだったと思う。負けた後にクレームをつけても、それはただの言い訳になってしまう可能性がある。高校野球のさらなる発展のためにも、せっかくの問題提起が無駄に終わってしまってはもったいない。

日体大ＯＢが関与するチームで、サイン盗みをやっているという話は聞いたことがないし、見たこともない。しかし、サイン盗みに対する明確な罰則がない以上、いままでの流れからいっても、サイン盗みが増えはせずとも激減していくとは考えにくい。教育者として真っ当な指導者が増え、サイン盗みのような卑怯な手を使うチームが減っていくことを祈るばかりである。

学びのあった対戦❶

何もできなかった初の明徳戦

高知商の監督として、初めて迎えた2016年夏の県大会。私たちは順調に勝ち上がり、準決勝で明徳と対戦した。試合は投手戦となり、5回裏に明徳に2点を先制されたものの、うちも6回表に1点を取り返し、さらに1アウト一三塁と同点、あわよくば逆転のチャンスを迎えた。

ランナー一三塁のケースを想定して、私たちは日頃からスクイズはもちろん、ファーストランナーだけのエンドラン、盗塁してのランエンドヒットから三塁ランナーはゴロゴーなど、ほかにもさまざまなパターンの作戦を練習していた。でも、私はこの重要な局面でいずれの策も用いず、結局追加点を奪うことができなかった。

仕掛けるカウントはいくつかあった。しかし、私にはそこでサインを出す度胸がなかった。あれだけ練習してきたのに、なぜサインが出せなかったのか……。追い付く絶好のチャンスだったのに……。高校野球の監督となって1年目。中学の指導者を長く務めてからの転向だったが、あのときの私は高校野球の監督として未熟だった。

あの回の攻撃に関しては、いまでも大きな悔いが残っている。どの策で行こうか悩み、迷っているうちにサインを出しそびれた。いまの私なら、当日現場で流れを感じつつ、「こういう場面になったらこれをやろう」とあらかじめ決め、そのカウントになったら迷わずサインを出すと思う。

選手たちは、試合に備えていろんな準備をする。その準備を無駄にしないためにも、監督には最善の策を選ぶ判断力と、的確なタイミングで策を用いる決断力が求められる。試合の前にある程度のパターンを想定して戦略を考え、試合中は流れを見ながら用意されている戦略に思考を巡らせ、その瞬間に最適なサインを出す。あの準決勝はそのまま1－2で敗れたが、いろんなことを私に教えてくれた試合だった。

また、2021年夏の準決勝での明徳戦。このとき、私たちは8－10で負けたのだが、明徳のエースでプロからも注目されていた左腕・代木大和（読売ジャイアンツ）から8点を奪った。この日は采配もうまくはまって、好投手を擁する明徳から8点も取ることができた。しかし、うちは大会前まで抑えとしてがんばってくれていたピッチャーを欠いていた（大会前の練習試合でデッドボールを食らい、骨折してしまった）。

終盤を締めてくれていた抑え役を失い、準決勝までやっとの思いで勝ち上がってきた私たちだったが、試合巧者の明徳はそのほころびを見逃してはくれない。先発、二番手ともに打ち込まれ、5回までに大量10失点。うちは明徳の2番手として登板した吉村優聖歩（読売ジャイアンツ）から得点を奪うことができず、準決勝敗退となった。

あの試合を振り返ると、先発させたエースの村上侑を私は引っ張りすぎた。初回に4失点したところで代えておくべきだったのに、抑え役不在を意識しすぎた私は代え時を誤った。

2023年夏の甲子園。準優勝を飾った仙台育英は、5人の投手陣の継投で大会を勝ち上がっていった。須江航監督はインタビューなどでも、ピッチャーを代えるタイミングの重要性をずっと説いていた。やはり、ピッチャーの交代は「早め、早め」が鉄則である。私は、この明徳戦でそのことに改めて気づかされた。

いまでは、私は試合前からある程度の混戦を想定して、ピッチャーに声をかけるようにしている。たとえば、先発ピッチャーには「何点まではOKだから」と言い、リリーフ役のピッチャーには「何点取られたらすぐ行くからな」とあらかじめ伝えておく。そのような助言によってピッチャーの緊張をほぐしたり、心の準備をさせたりしておくことが、試合前の備えとしてとても大切なのだ。

学びのあった対戦❷
馬淵監督は「策士」ではない

過去、いろんなチームと対戦し、私はたくさんの監督さんの采配を目にしてきた。その中でも、馬淵監督の采配ほど私に多くの学びを与えてくれたものはない。

馬淵監督の采配には迷いがない。動くときはスパッと動いてくる。ランナー一塁の場面では、セオリーとして送りバントを多用してくるが、機動力を使って素早く1点を取りにくることもある。ちなみに、明徳はバントに関してはほぼ成功させてくる。きっと、それだけ選手たちが血のにじむような努力を積み重ねているということなのだろう。

馬淵監督は必要であれば、打順に関係なくバントやスクイズのサインを出す。絶好調のクリーンアップの選手でも、「ここで1点」というときには迷わずスクイズで来る。

2023年9月に行われた「第31回 WBSC U－18ベースボールワールドカップ」で、代表監督を務めた馬淵監督はオープニングラウンド第4戦の台湾戦において、教え子の寺地隆成選手にスクイズのサインを出し、寺地選手は監督の期待に応えて見事にスクイズを決めていた。この采配は、長い時間をかけて築かれた信頼関係があってこそのものだと思う。

馬淵監督とは何度も対戦しているため、「ここでバントが来そうだ」とある程度の傾向は読める。しかし、ことスクイズに関しては、外したときに限ってやってこない。もちろん、私も明徳に対してスクイズを仕掛けて成功させたことはあるが、馬淵監督とは読み合い、化かし合いの連続である。その戦いの中で、私は馬淵監督から高校野球の戦い方を教わってきたような気がする。

野球ファンの方々にとって、馬淵監督は「策士」というイメージがあるかもしれない。でも、私は馬淵監督のことを「策士」ではなく、「準備の人」だと思っている。

馬淵監督は目の前の一戦一戦に集中して、どの試合に臨むときも抜かりがない。それだけの準備をしているからこそ、実戦でいろんな策が取れる。選手たちも「監督はこうするに違いない」と野球を深く理解しているから、どんなサインを出されても戸惑うことなく実行に移して成功させる。ベンチ入りしている選手たちはみな、馬淵監督の高いレベルの要求に応えるためのスキルを身につけている。明徳の実践している野球は質、レベルともに全国随一であることは間違いない。

私たちが甲子園出場を果たすには、明徳を倒さなければならない。同じエリアにいる限り、明徳は避けては通れない道である。しかし、同じ県で明徳のようなレベルの高いチームと切磋琢磨できていることに、私はとても感謝している。

指導者のあるべき姿勢

2018年、夏の甲子園に出場した後のシーズンオフに、私は佐賀県の指導者講習会に講師として招かれた。その指導者講習会は中学、高校合同の野球指導者講習会だったため、両方経験している私に白羽の矢が立った。佐賀にいる日体大の先輩からのご指名だったこともあり、私はその講師役を受けることにした。

講習会は午前中に講習、午後に実技講習を行った。実技では、主にストレッチのことを話したように記憶している。

その講習会に、2007年夏の甲子園で「がばい旋風」を巻き起こし、全国制覇を成し遂げた佐賀北のエースの久保貴大君が参加していた。当時久保君は母校に戻り、監督を務めていた（いまは同県の鹿島に移って監督をしている）。同じく優勝メンバーで、決勝戦で逆転満塁ホームランを放った副島浩史君も唐津工の監督として参加していた。

講習会を終えて、帰途に就いていると久保君から「高知商の練習を見たいので、行ってもいいですか？」と電話がかかってきた。私の話したストレッチを中心としたトレーニングメニューに、興味を持ってくれたのだろう。後日、久保君が本校に訪れ、練習を見学しながらいろんな質問を私と当時の梶原部長にしてきたのを覚えている。すべては自分のチーム（佐賀北）を強くするためなのだろうが、貪欲に学ぼうとする真摯なその姿勢と行動力には頭が下がる思いだった。

久保君のように、「高知商の練習を見学したいのですが」と若い指導者から連絡をもらうことがたまにある。そういった場合、スケジュールさえ合えば私は喜んでお迎えするようにしている。こんな私の考えや指導法が若い指導者の方々の参考になるのなら、私はどんどんお話ししたい。それによって、そのチームが強くなったり、選手たちの力が伸びたりするのであれば、これに勝る喜びはない。

帝京五の元監督で、いまは香川県の藤井で監督をしている小林昭則君（元千葉ロッテマリーンズ）も、私を慕ってくれている指導者のひとりである。帝京五の部長が高知商OBだったことから、小林君との交流が始まった。私が監督となってから定期的に練習試合を行っており、そのたびにいろんな話をする。愛媛の帝京五よりも香川の藤井（丸亀市にある）のほうが高知商から近いので、これからはもっと頻繁に練習試合をするようになるかもしれない。

とある講習会で講師をした際、若い指導者の方から「中学野球を長くやられていた上田監督から見て、高校野球の指導者はどのように映りますか？」と聞かれたことがある。そのとき私は、「上から目線な人が多いと思う」と素直に答えた。

高知商の監督となり、私はいろんな学校と練習試合をさせていただいた。講習会などでも他校の監督さんたちとたくさん交流を図ってきた。すると、高校野球の指導者には、「そんなこともできないのか？」という姿勢で選手を指導している人が多いことに気がついた。

私が長く携わってきた中学野球は、ほとんど何もわからない生徒に一から野球を指導していく。選手の力を一から二に、二から三にと地道な作業で伸ばしていくのが指導者の役割である。それは中学野球だろうが、高校野球だろうが関係ない。それなのに、高校野球には「そんなこともできないのか?」とふんぞり返っている指導者がたくさんいることに、私は驚いたのだ。

そもそも、「そんなこともできないのか?」と言っている指導者は、自分の役割を理解していない。「そんなこともできない」選手を、「できるようにする」のが指導者の役割、務めだと私は考えている。だから、そういう指導者たちには「それじゃあダメでしょう」と思ってしまう。

子どもに寄り添い、同じ目線で接し、その子に最適な言い方、教え方で物事を伝え、根気強く指導していく。学童、中学、高校問わず、指導者にはそういった姿勢が一番求められているのである。

球数制限、大会日程、登録人数 etc.
——過保護すぎるのも考えもの

第3章でお話ししたが、高知県の夏の大会の日程は、参加チーム数が30程度と他県に比べて少ないこともあり、およそ10日間で大会は終了する。大会の前半こそ、日程はやや夕イトなものの、中盤以降は私が現役だった頃のように3連戦もなく、準決勝と決勝の間には空き日が設けられている。このように、高知県高野連の配慮によって、昔に比べればスケジュール的にだいぶ余裕が生まれた。

大会日程の改善、球数制限など、選手たちの負担軽減を図るために高野連はシステムやルールの改定、改善を行ってきた。これらはいずれも時代の要求に合わせたものなのだろうが、私はそのさまざまな改定、改善によって逆に選手たちが弱くなっていくのではないかと危惧している。

高校生にもなれば、ある程度の連戦をこなす体力は必要である。もちろん、近年の夏の暑さには最大限配慮しなければならないが、あまりにも過保護すぎると高校生が本来持っている「体の強さ」が弱まっていってしまうのではないかと思うのだ。

球数制限にしても、現在のところ「ひとりの投手が大会で投げられるのは1週間500球以内」と一律で定められている。でも、選手によって体の強さは異なるし、チーム事情も各校それぞれに違うだろう。球数が一律なため、1週間に500球以上投げても大丈夫な選手にとっては、その制限が足かせになってしまう可能性もある。

球数制限に関しては、もっと柔軟に考えてもいいのではないか。選手のことは、監督やコーチが一番理解している。「ピッチャーを酷使するのはもってのほか」だと、いまのほとんどの指導者は理解していると思う。もちろん、そのような指導者ばかりではなく、昔のようにピッチャーを酷使する監督がいるからこそ、球数制限というルールが設けられたのだろう。しかし、選手の体質、体力も異なれば、指導者の考え方もさまざまである。それを杓子定規な規則、制限で縛りつけるのは、ちょっと違うのではないかと感じている。

中学軟式野球では、「大会中の1日の投球数は100球、1週間の投球数は350球」と制限が設けられている。高知県の中学野球を見ていると、エースが投げているうちは勝っているが、球数制限によってピッチャー交代となった途端に、打ち込まれて負けるというケースをよく目にするようになった。

決勝戦の後、試合はもうないのだから、せめて「決勝戦くらいは球数制限がなくてもいいのでは？」と思う。繰り返すが、目先の勝利を優先して選手を酷使する監督がまだいるから、このような規則ができたのは理解している。でも、私のように「連投はさせない」など、自分なりに酷使することを抑制してきた監督さんもたくさんいるはずである。球数制限に関しては高野連任せにするのではなく、日本の球界全体でもっと意見を出し合い、みんなで考えていかなければならない問題だと思う。

各地方大会の登録人数は以前から20人だったが、２０２３年春のセンバツから甲子園も登録人数が18人から20人になった。甲子園に出るとなると、地方大会を一緒に戦ってきたベンチ入りメンバーからふたりを外さなければならない。この甲子園独自の登録人数減のルールが、いままでは多くの指導者を悩ませてきたが、それが２０２３年から解消された。

地方大会の登録人数20人に関して、あえてひとつ要望を言わせていただくとすると、ベンチ入り20人は変わらず、「登録枠のみ25人」にならないかと思う。大会には25人を登録し、その中から試合ごとに20人を選んでベンチ入りさせるというシステムだとありがたい。ただ、そうなると「部員数の多いチームのほうが有利になってしまう」という反対意見が出るのもわかる。しかし、大会中に選手がケガをすることもあるし、何かあったときにさっと補充できるようなシステムだと、指導者としては本当に助かるのだ。

甲子園に行くためには何が必要か？

こうして改めて自分の野球人生を振り返ってみると、私は野球があったから人として成長することができた。その中でも甲子園で優勝できたことが、私にとっての一番の財産である。

野球があってくれたおかげで、私の人生の彩りはとても豊かになった。その野球を、私はいまも楽しんでいる。野球は奥が深く、何年やってもゴールには絶対に辿り着けないようにも感じる。でも、だからこそ私は飽きることなく、野球を続けることができているのだと思う。

毎年、チームが代わるたびに「どうやったら勝てるチームになるか」を考えるが、その答えが同じだったことは一度もない。その年ごとにみんなで目指す野球のスタイル、質は微妙に異なり、当然のことながら練習内容も私の指導も変化を続けている。私は、それに対応するだけで精一杯なのが実情だが、悩み、考えるのも野球があるからこそできていることである。私は、そんな毎日が楽しくてしょうがない。

仙台育英の須江監督が、2022年夏の甲子園の優勝インタビューで発した「青春って、すごく密なので」という表現が一時期とても話題になった。私も青春は密だと思う。とくに、高校野球の2年半はとても濃い。

いま、このときしかできないことに一生懸命取り組む。この濃密な2年半を経験できるのが、高校野球のすばらしさだ。選手たちには「高校野球はいましかできない。この間にどれだけがんばれるか。そこが勝負だ」といつも言っている。結果として、甲子園まで辿り着ければ最高である。しかし、甲子園に行けなかったとしても、そこまでがんばった過程は絶対にその後の人生の助けになる。

私は高校時代、谷脇監督から「甲子園に行くのは簡単よ。お前らが本気で甲子園に行きたいと思うかどうか。それだけよ」とよく言われた。谷脇監督は間接的に「時間を無駄にするな」と私たちに伝えてくれていたのだろう。振り返ると、谷脇監督は心に刺さるフレーズを、頻繁に私たちに投げかけてくれていた。

谷脇監督は、「甲子園出場」とか「全国制覇」といったような目標を掲げるタイプではなかった。しかし、本書でもお話ししたが、甲子園で準優勝した2年後に優勝を果たすなど、指導力、采配力は私など遠く足元にも及ばない、実にすばらしい指導者だったと思う。

いまの私には、「甲子園で優勝する」などと、大層な目標は掲げられない。その前に、まずは甲子園出場を果たす必要がある。常勝軍団を目指すために、甲子園出場が途切れないよう、少なくとも3年に一度は甲子園に行きたい。

大阪桐蔭にしろ、仙台育英にしろ、明徳にしろ、全国に名を馳せる強豪は「甲子園常連校」と呼ばれている。うちも「常連」とまではいかずとも、まずはせめて3年に一度は甲子園に出場する準・常連くらいにはなりたい。そこをクリアできれば、かつての高知商が目指していたさらに高い頂が見えてくるはずである。

伝統校のプライド

――四国四商の甲子園同時出場を目指して

我が高知商は、1978年夏の甲子園（第60回全国高等学校野球選手権大会）で準優勝を飾ったが、この大会から全都道府県の代表（49校）が出場するようになった。そして記念すべきこの大会で、四国四商（高松商、松山商、徳島商、高知商）が同時出場を果たした。四国四商が甲子園揃い踏みできたのはこの1回きりで、以降は実現していない。私としては高知商で監督を務めているうちに、何としても四国四商揃い踏みの再現をしたいと願っている。

戦前から高校野球界を牽引してきた四国四商は、応援してくれる熱心なファンが本当に多い。いまでも四国の野球熱は高いが、昔はもっとすごかったと聞く。かつての四国は甲子園出場の代表校を選ぶ大会が、北四国大会（愛媛、香川）と南四国大会（徳島、高知）に分かれていた。愛媛が主会場となる北四国大会が開かれた際、決勝が高松商と松山商の顔合わせになった。すると、遠征で宿泊していた高松商の宿舎の前で、松山商ファンの愛媛県民が一晩中大騒ぎしたという。四国において、そのような逸話は枚挙にいとまがない。

本章の冒頭で触れたが、四国の高校野球競技人口は減り続けており、2023年夏の大会の参加チーム数は香川38、愛媛50、徳島29、高知32となっている。日本全体の野球競技人口が減っているため、この流れを急激に変えることは容易ではないだろう。しかし、かつての四国の野球熱を取り戻すべく、四国四商が中心となって切磋琢磨しながら、四国の野球を盛り上げていければいい。

歴史ある四国四商の中でも、代々ＯＢのみが監督を務めているのは高知商だけである。現在の高松商の長尾健司監督は丸亀のＯＢで、松山商の大野康哉監督も今治西のＯＢ。徳島商もちょっと前にいたのが池田出身の井上力監督だった。うちが代々ＯＢのみでやってくることができたのは、四国四商の中で唯一の「市立」であることも関係しているのかもしれない。

「歴史の古い四国四商の監督をするのは、大変ではないですか？」とよく聞かれる。でも私は、高知商の監督業が大変だと思ったことは一度もない。とはいえ、伝統のある学校は「ＯＢ会がうるさい」とか「地域の名士、重鎮が口を出してくる」など、いろんな話を私も耳にする。でも、そういった類の話は伝統校ならばどこにでもよくあることで、監督を務める人間は自分にできることを堅実に、地道にやっていくのみである。

私が高知商で監督を務めていられるのは、生まれ持った「外からの雑音は聞かない」という性格が幸いしているのかもしれない。外からの雑音があったとしても、結果で黙らせればいいとも考えている。その点、高松商の長尾監督はすぐにしっかり結果を出し、名門を復活させたので本当にすごい監督さんだと思う。

第2章でお話ししたが、徳島商の森影監督は日体大時代のひとつ下の後輩だ。彼が小松島で監督をしていた頃「徳島商に帰らないのか？」と聞くと「帰りませんよ。なんでベンチの外を見て、指揮を執らないといけないんですか」と冗談交じりに言っていたのを思い出す。彼も私のように母校に復帰（2010年〜）して指揮を執り、2023年夏の甲子園のほか、計2度の甲子園出場を果たしている。

四国四商の交流戦は私が現役の頃からずっと続いており、いまでも毎年5月下旬から6月上旬にかけてそれぞれの学校で練習試合を行っている。私が高校生の頃は、土曜の授業が終わってから出発して、午後に池田で練習試合を行い、その足で徳島に入って1泊し、翌日曜に徳島商と練習試合を行ったこともあった。

私には、四国四商の一角を担う高知商の一員としてのプライドがある。これからも四商それぞれに交流を図りつつ、4校がレベルアップを果たしていければいい。四国四商の名を汚すことのないよう、さらには四国の野球がかつての輝きを取り戻せるよう、私も高知商の監督として微力ながら尽くしていきたい。

公立でも強豪私学に勝つ方法は必ずある

私は「商業高校」と聞くと、四国四商ではなくてもやはり仲間意識、連帯感を強く感じる。２０１８年春の選抜に出場した富山商と選抜前に対戦する機会があり、富山商の前﨑秀和監督に聞くと富山商もうちと同じく創立１００周年だったそうで、何か運命的なものを感じた。

広島商や倉敷商といった中国地方の商業高校とは、毎年6月くらいにいずれかの学校と交流を図っている。どの学校も歴史あるところばかりなので、ＯＢ会の会長さんやお歴々がたくさん同行してこられる。広島商に商業高校交流会にお招きいただいた際には、あの達川光男さん（元広島東洋カープ）もいらっしゃった。達川さんは始球式でバッターとして登場し、空振りで終わらず自分が打つまでピッチャーに投げさせて、場内を大いに盛り上げていただいた。

その達川さんと試合前に挨拶をさせていただいたとき、開口一番「高知商、わしは好きじゃけ」と達川さんはおっしゃった。その理由は、達川さんが高校3年のときの思い出に由来していた。

達川さんにとって高3最後の夏（1973年）、広島商は甲子園（第55回全国高等学校野球選手権大会）において優勝を果たすのだが、そのときに準々決勝で高知商と対戦している。さらにその甲子園の直前には、広島商が高知を訪れ、本校と練習試合も行っていた。

その練習試合の1試合目、広島商は高知商に惨敗した。試合後、広島商の選手たちは迫田穆成監督（※追記）から「昼飯なんか食っとる場合か！」と激怒され、昼食抜きで午後の第2試合に臨んだ。すると試合中、高知商のバッターがキャッチャーである達川さんに「ベンチ裏にパンとかおにぎりを置いといたから、それをみんなで食べてくれ」と言ってきたという。

達川さんは、高知商のその気づかいがとてもうれしく、いまでもあのとき食べたパンやおにぎりのおいしさが忘れられないと話していた。練習試合が終わった後、両チーム互いに「甲子園で会おう」と誓い合い、実際にその願いは甲子園で叶った。

しかも達川さんは、その準々決勝で高知商の2年生ピッチャーだった鹿取さんからホームランを放っている。達川さんの記憶では、自身が高校で打ったホームランはあの1本だけ。だから高知商にはいい思い出しかないのだと、ニコニコしながら話をしてくださった。

ここまで、ほかの商業高校との関係をお話ししてきたが、商業高校のみならず、強豪私学を倒そうと日々がんばっている公立校は全国にたくさんあるはずだ。私たちを取り巻く環境は、これからどんどん厳しくなっていくと思う。しかし、全国の公立校指導者のみなさんには「それに負けずにがんばりましょう」とお伝えしたい。公立校に進もうとがんばっている中学生もたくさんいるはずなので、私たちはその期待にも応えないといけない。

野球はやり方によっては強豪にも勝てる、蓋を開けてみなければどうなるかわからないスポーツである。強豪私学に勝つ方法は必ずある。高校野球をさらに盛り上げるためにも、公立校の活躍が求められている。強豪私学を倒す方法をみんなで模索しながら、公立全体のレベルアップを図っていければ最高である。

公立の球児のみなさんには、応援してくれている家族や地元の人たちのためにも、がんばってひとつでも多く勝ち上がってほしい。もちろん、周囲の人たちの期待を裏切らないように、普段の生活を律していくことも忘れないでいただきたい。

※追記

広島商や如水館で監督を務められた迫田穆成さんが2023年12月に84歳でご逝去された。迫田監督は若い指導者の育成にもご尽力され、2019年からは広島県立竹原高校野球部の監督を務められており、最後の最後まで高校野球に生きた人であった。我が高知商も先述したように、迫田監督には大変お世話になった。高校野球界の先達である迫田監督に、この場を借りて心よりご冥福をお祈り申し上げる次第である。

おわりに ――野球への感謝、いまを大事に生きる

　こうして本書を書き上げ、自分の野球人生を改めて振り返ってみると、野球をやってきて本当によかったと思う。中でも野球をやってきて一番よかったと感じるのは、「人」と広く知り合えたこと、「人」と深くつながり合えたことである。

　中学、高校、大学と野球を続けてくる中で、たくさんの仲間ができた。そして、そこからまた人の輪がどんどんと広がっていって仲間が増え、中学指導でさらに広がり、高校野球に携わる現在でもその輪は広がり続けている。このつながりこそが、私の人生における一番の財産だと断言できる。

　生徒たちには「四国の外に出て、見聞を広めてほしい」とよく話す。誰もがそうだが、小学生の頃は地元の小さなコミュニティの中で育つ。中学ではそれがちょっと広がり、高校になると活動範囲の広がりとともに、県や周辺地域とのつながりができていく。大学に進学するならば高知県を飛び出して、全国各地どこでもいいのでそこでさらに見聞

を広めてほしい。

我が家は父がそのような考え方であったため、「大学に行かせてやるから、東京にある大学へ行け」と言われて、私は日体大を選んだ。父は「日本の首都を見てこい」と私を送り出してくれた。大学では、監督から「ほとんどの学生が田舎から出てきている。この4年間で東京のいろんなところを見て、いろんな経験をして故郷に戻れ。それが教師になってから絶対に生きるから」と言われた。いまは、父の言う通りにしてよかったと思うし、大学の監督が言っていたことは本当にその通りだったとも思う。

還暦を迎えたいまも、こうして野球に携わっていられる自分は本当に幸せ者である。こうして恵まれた人生を歩んでくることができたのも、それぞれの時代で私を支えてくれた恩師や仲間たちがいたからだ。

中学では四国大会で優勝し、高校でも全国制覇を達成し、大学ではリーグ優勝、中学指導者時代も高知県で優勝できたし、高知商では監督として甲子園に行くこともできた。これで自分の人生に文句を言ったら、それこそ罰が当たる。本当にいい人生、恵まれた野球人生だった。

私の野球人生はまだまだ続いていく。「いまを大事に生きる」というモットーは持ち続け、教え子たちにも「限られた時間を一生懸命生きよう」と伝え続けていく所存だ。

２０２３年で61歳となり、そろそろ次の代への継承も考えていかなければいけない年齢になった。「区切りをどこかでつけないとな」と常々思ってはいるが、私に期待してくれる人たちがいる限り、もうひと踏ん張りと思っている。

いま、私たちは２０２４年夏の甲子園に向けて、毎日練習を続けている。叶うことならば、私が監督を務めているうちに四国四商揃い踏みで甲子園出場を果たしたい。それが私の野球人生最後の願いである。

２０２４年１月　高知市立高知商業高校野球部監督　上田修身

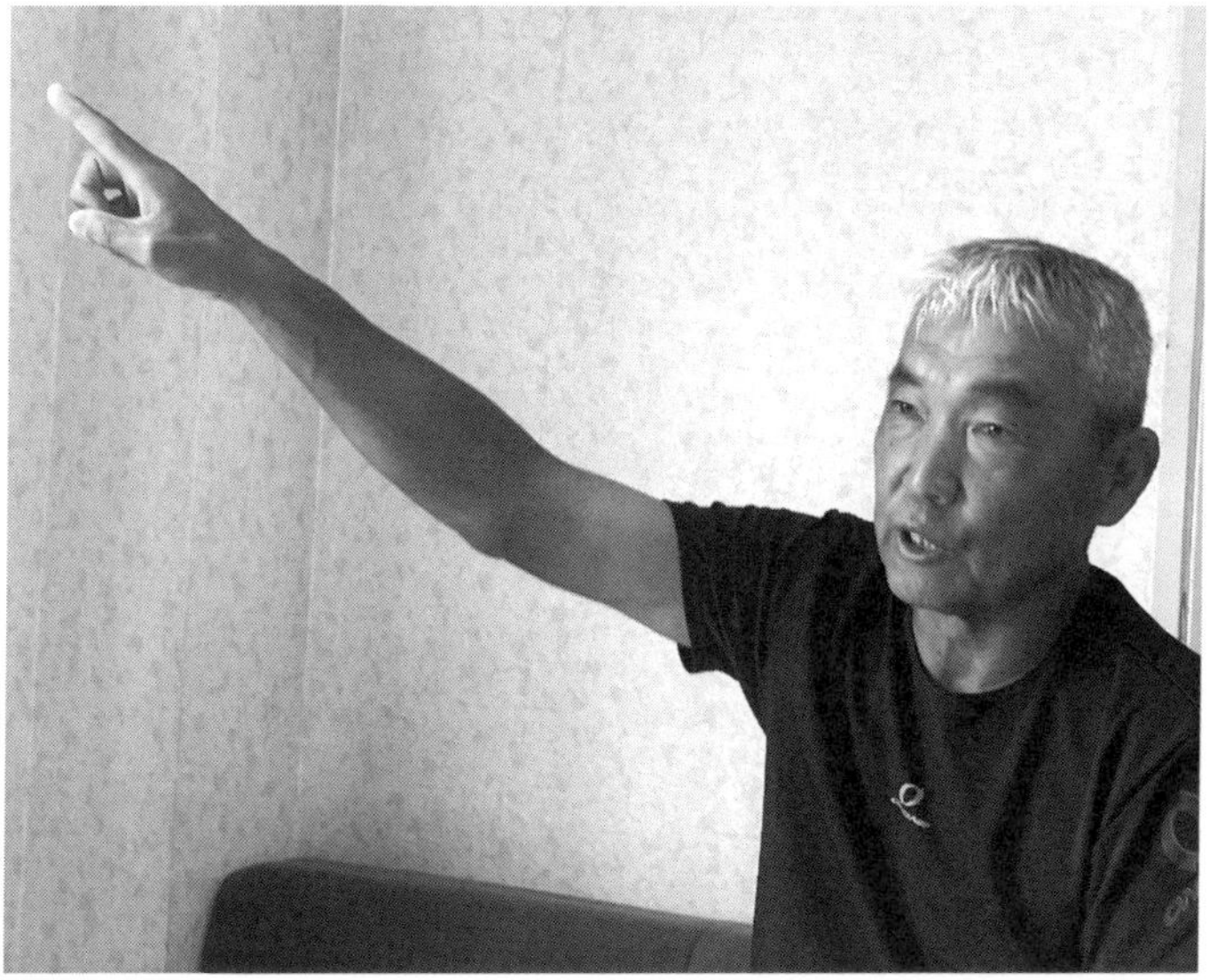

守り打ち勝つ、心の野球

2024年３月29日　初版第一刷発行

著　　者／上田修身

発　　行／株式会社竹書房
〒102-0075 東京都千代田区三番町8-1
三番町東急ビル6F
email：info@takeshobo.co.jp
URL　https://www.takeshobo.co.jp

印 刷 所／共同印刷株式会社

カバー・本文デザイン／轡田昭彦＋坪井朋子
カバー写真／アフロ（スポニチ）
取 材 協 力／高知商野球部
編集・構成／萩原晴一郎

編 集 人／鈴木誠